ANTÔNIO WINKERT SOUZA

# UM MINISTÉRIO PÚBLICO POLIVALENTE

## Vocação, perfil e instrumental para a defesa dos valores relevantes da sociedade

ANTÔNIO WINKERT SOUZA

# UM MINISTÉRIO PÚBLICO POLIVALENTE

## Vocação, perfil e instrumental para a defesa dos valores relevantes da sociedade

Del Rey editora

Belo Horizonte
2019

Impresso no Brasil | Printed in Brazil
EDITORA DEL REY LTDA.

www.editoradelrey.com.br

**Editor:** Arnaldo Oliveira

**Editor Adjunto:** Ricardo A. Malheiros Fiuza

**Diagramação / Capa:** Alfstudio

**Revisão:** Maria Elizabete de Sousa

**EDITORA**
Rua dos Goitacazes, 71 – Lojas 20 a 24
Centro - Belo Horizonte-MG
CEP 30190-909
Comercial:
Tel.: (31) 3284-3284 | 3293-8233
vendas@editoradelrey.com.br
Editorial:
editorial@editoradelrey.com.br



S729u Souza, Antônio Winkert
Um Ministério Público polivalente: vocação, perfil e instrumental para a defesa dos valores relevantes da sociedade / Antônio Winkert Souza. — Belo Horizonte: Del Rey, 2019.

xviii, 198 p. — Inclui bibliografia.

ISBN: 978-85-384-0555-9

1. Brasil – Ministério Público 2. Ministério Público – Poderes e deveres 3. Procuradores (Ministério Público) I. Título

CDU (1976) 347.963

Ficha catalográfica elaborada pela bibliotecária Meire Luciane Lorena Queiroz CRB 6/2233.

*Aos que, indignados com as injustiças, têm por ideal colocar o patrimônio de sua inteligência e do seu conhecimento a serviço do bem comum.*

# SUMÁRIO

# PREFÁCIO

Foi com imensa alegria e sentindo-me muito honrado que recebi o convite do Procurador de Justiça Antônio Winkert Souza para prefaciar sua obra "Um Ministério Público Polivalente".

Mais do que companheiros das mesmas lutas, embandeiradas pelo objetivo da construção de uma sociedade progressivamente melhor e mais justa, Winkert e eu estabelecemos nesses anos todos de convivência institucional verdadeira relação de significativa amizade.

Lembrei-me que, quando corria o ano de 1985, por intermédio do então juiz substituto e hoje desembargador José Maurício Pinto de Almeida, recebi Winkert e sua esposa Marlene em minha residência, oportunidade em que, durante a noite e madrugada a dentro, discorri sobre o Ministério Público e sua importante missão no estado democrático de direito. Como havia anteriormente para mim revelado José Maurício, embora já reconhecendo vocação para a carreira do Ministério Público, Winkert experimentava séria dúvida acerca de realizar o concurso para promotor substituto, deixando assim para trás a segura condição de integrante do Departamento Jurídico da Companhia Paranaense de Energia Elétrica – COPEL. Meu entusiasmo pela nossa Instituição, que aliás mantenho até hoje, certamente serviu de estímulo a mais para Winkert que, ainda no ano de 1985, ingressou, mediante concurso público, no Ministério Público do Estado do Paraná.

De lá para cá, estivemos sempre juntos nos movimentos que conduziram o Ministério Público Brasileiro à condição de Instituição de primeira grandeza, responsável pela defesa dos valores sociais mais significativos.

Winkert foi um dos construtores dessa nova Instituição.

Depois de ter servido ao Ministério Público e, de consequência, à sociedade paranaense, resolveu agora, depois de 34 anos do seu ingresso na carreira, escrever sobre a Instituição para qual destinou maior parte de sua vida profissional.

Aproveita-se de ter aglutinado a experiência advinda dos anos de atividade como promotor e procurador de Justiça com o conteúdo teórico das suas aulas proferidas na Fundação Escola do Ministério Público do Paraná – FEMPAR.

Como enunciado na Nota do Autor, "o objetivo é, em sua essência, dar uma visão panorâmica sobre o perfil, a vocação institucional e instrumentos jurídicos de atuação do Ministério Público", buscando, em primeiro plano "estimular e cooptar talentos vocacionados para a carreira. Assim, nesse sentido, pode especialmente ser útil aos estudantes de Direito em final de curso ou recém-formados, já imbuídos do propósito de se definirem profissionalmente", bem como pode interessar também aos "operadores do direito em geral, aos jornalistas, aos agentes políticos, aos servidores públicos e até mesmo de outros profissionais que, direta ou indiretamente, interagem com o promotor de Justiça, procurador de Justiça ou procurador da República".

Winkert, que incentivou e viu vários dos seus alunos e estagiários ingressando no Ministério Público, certamente terá o número ampliado com a obra agora lançada.

Na parte inicial do livro, após fazer uma breve alusão às origens do Ministério Público, o autor faz escorço histórico sobre seu processo evolutivo.

Perpassando por todas as nuances de ordem constitucional e infraconstitucional brasileira que precederam a Constituição Cidadã de 1988, a exposição dá merecido destaque à Lei Complementar n. 40/81, afirmando, acertadamente, que "chegara, enfim, o Ministério Público num ponto inflexivo, com estatura orgânica para exercer parcela da soberania do Estado. Isso era, como se disse na época, uma 'carta de alforria'. Esse instrumento legal foi o movimento jurídico embrionário para a formatação institucional, tal como consolidada na Constituição de 1988".

Especial relevo é dado também à Lei n. 7.347/1985, que passou a conferir ao Ministério Público a legitimidade para promover a defesa dos interesses coletivos e difusos. Implantava-se mais um importante instrumento processual. Nas palavras do autor, "inaugurava-se uma fase importantíssima na história evolutiva. O Ministério Público emergia como defensor magno da sociedade e tinha, agora, a seu dispor, um instrumento processual valioso para dar cabo a sua incumbência".

Nesse tópico, vale ressaltar que, em função da significativa ampliação de suas atribuições, os agentes do Ministério Público, para além de sua tradicional atuação na área criminal, deixam de ser meros despachantes processuais e passam a ter múltiplas e relevantes tarefas, as quais impulsionaram a formatação de um órgão com genuína vocação para defesa dos mais importantes valores sociais, especialmente aqueles de interesse dos segmentos mais vulneráveis socialmente.

Na medida em que cumpria com razoável êxito as novas incumbências, ganhava a Instituição maior credibilidade e credenciava-se para assumir novos desafios.

Já num segundo momento, Winkert trata então do Ministério Público a partir das previsões da Constituição Cidadã.

A título de introdução, faz por rememorar que a Constituição Federal de 1988 foi elaborada sob arejamento democrático. Menciona a "Carta de Curitiba" de 1986, documento que projetava o perfil institucional desejado, elaborada pela Confederação Nacional do Ministério Público (CONAMP).

Depois de salientar que o Ministério Público passou a ser um "órgão do Estado, posicionado entre poderes, com prerrogativa de poder", a exposição, dentre outras ponderações, demonstra a importância dos princípios e garantias estabelecidos para a Instituição, não como benesse ou privilégio, mas sim em benefício da própria sociedade, destinatária de sua missão. Nesse foco, empresta-se especial consideração ao princípio da independência funcional e aos princípios da vitaliciedade e da inamovibilidade.

Na sequência, a exposição concentra-se nas funções institucionais consolidadas, e ampliadas na Constituição, dando destaque à defesa dos direitos sociais e individuais indisponíveis e à função equivalente ao tradicional *Ombudsman* (defensor do povo), bem como faz específica referência às atribuições estabelecidas pela legislação infraconstitucional em temas socialmente relevantes, tais como a defesa da criança e do adolescente, dos idosos e das pessoas com deficiência, defesa da probidade administrativa, defesa do consumidor, investigação da paternidade, defesa da ordem urbanística, Lei Maria da Penha e colaboração premiada.

Concomitantemente, com abrangência na área da saúde e do meio ambiente, tem acentuada atenção o respectivo instrumental jurídico manejável pelo Ministério Público. Winkert, não só nesse tópico, procurar ilustrar o texto com observações e comentários pontuais, com o objetivo de melhor desvelar as peculiaridades, dificuldades e incompreensões pertinentes à função do Ministério Público, inclusive trazendo emblemáticos exemplos de atuação.

Noutro enfoque, demonstra que o Ministério Público, numa linha compatível com seu indissociável vínculo ao regime democrático, funciona de forma transparente e atua sob o influxo do princípio da publicidade.

Especialmente quanto à atividade finalística do Ministério Público, Winkert faz correta análise acerca do regime jurídico de responsabilidade civil aplicável aos seus agentes, bem como em relação aos mecanismos de controle interno da atuação de seus agentes, sem afetar, é claro, a sua independência funcional, realçando que, no contexto das demandas judiciais, há um natural sistema de freios e contrapesos.

Da exposição emerge também a justificada preocupação de escudar o Ministério Público em face das constantes investidas legislativas direcionadas ao afastamento ou diminuição de suas garantias ou atribuições. E, sob essa ótica, aponta para a necessidade de permanente parceria entre agentes públicos, forças progressistas da sociedade e a imprensa independente, a fim de que, conjugando-se esforços, possam impedir qualquer retrocesso institucional.

Por óbvio, não é possível pinçar aqui todos os flancos institucionais abordados na obra, mas vale deixar registrado que, em toda a sua extensão, o texto está impregnado de um forte entusiasmo do autor, cujo objetivo não é outro senão o de enaltecer a responsabilidade profissional, política, social e ética dos membros do Ministério Público em fazer da Justiça espaço de luta para a implementação das promessas de cidadania já contempladas no nosso ordenamento jurídico e, de consequência, realizar positiva transformação da nossa realidade social.

Trata-se assim de, respeitada a dignidade da pessoa humana, atuando para a superação das desigualdades sociais e a erradicação da pobreza, colaborar para que seja atingido o objetivo fundamental da República Federativa do Brasil, qual seja o da construção de uma sociedade livre, justa e solidária.

A expectativa é então de que a presente obra possa estimular aqueles que, "indignados com as injustiças, têm por ideal colocar o patrimônio de sua inteligência e do seu conhecimento a serviço do bem comum" e, de qualquer modo, servir a quem mais tiver interesse em melhor conhecer a gênese de "**UM MINISTÉRIO PÚBLICO POLIVALENTE**".

*OLYMPIO DE SÁ SOTTO MAIOR NETO*
Procurador de Justiça do Ministério Público do Estado do Paraná
(ex-Procurador-Geral de Justiça do Estado do Paraná por 4 mandatos e
ex-Presidente do Conselho Nacional de Procuradores-Gerais
dos Estados e da União - CNPG).

# NOTA DO AUTOR

Este não é um livro didático.

A exposição dos temas, permeada por comentários contextuais, é feita sem o rigor de uma linguagem técnica. O objetivo é, em sua essência, dar uma visão panorâmica sobre o perfil, a vocação institucional e instrumentos jurídicos de atuação do Ministério Público, além das peculiaridades inerentes. Também não se tem a pretensão de exaurir as questões que naturalmente poderiam despertar este ou aquele tema.

Num primeiro plano, busca estimular e cooptar talentos vocacionados para a carreira.

Assim, nesse sentido, pode especialmente ser útil aos estudantes de Direito em final de curso ou recém-formados, já imbuídos do propósito de se definirem profissionalmente. Acena-se, especialmente, para aqueles que, indignados com as injustiças e — para além do conforto material — pretendem colocar o patrimônio de sua inteligência e do seu conhecimento a serviço do bem comum.

Não por acaso, nessa direção, a exposição está impregnada de um componente emocional: a forte identidade do autor em relação à nobre missão do Ministério Público.

De forma complementar, e não menos importante, a exposição aqui desenvolvida pode interessar, também, aos operadores do direito em geral. Também pode chamar a atenção dos jornalistas, dos agentes políticos e até mesmo outros profissionais que, direta ou indiretamente, acabam de alguma forma interagindo com o Ministério Público, bem como a qualquer interessado que queira melhor conhecer a sua gênese.

Nesse quadrante, objetiva-se também provocar reflexões republicanas para que, no exercício do dever, possam também melhor discernir e dimensionar a espinhosa missão do Ministério Público.

No transcorrer dos capítulos o leitor perceberá que Ministério Público do Brasil, tal como hoje delineado na Constituição e na respectiva legislação complementar, é resultado de um permanente processo evolutivo, alcançado passo a passo ao longo dos anos.

Acentuadamente nas últimas quatro décadas, a par da consagração dos direitos individuais, houve um crescente clamor para atendimento aos interesses e direitos socialmente relevantes.

Assim, sob a atmosfera arejada da redemocratização, foi sendo implantada, gradativamente, uma legislação adequada a fim de propiciar efetividade à nova demanda. Concomitantemente, houve inegável avanço também na legislação de âmbito criminal e cível, para garantir melhor controle e repressão do crime organizado e, especialmente, de ilícitos contra o patrimônio público.

Ao mesmo tempo, clamava-se por um ator processual com vocação e desenvoltura para desincumbir-se da tarefa de promover a defesa desses interesses e direitos sociais (direitos coletivos, difusos e individuais indisponíveis).

Pela histórica vocação institucional, o Ministério Público credenciava-se para ser um dos atores nessa nova ordem.

E assim aconteceu. As atribuições do Ministério Público foram extraordinariamente ampliadas e múltiplas demandas de aguda sensibilidade para a vida comunitária passaram a ser veiculadas por esse órgão do Estado, tanto na esfera administrativa como no âmbito do Judiciário.

É sob essa perspectiva de órgão do Estado com diferenciadas atribuições que se analisa a sua nobre missão, apontando, topicamente, suas dificuldades, peculiaridades, incompreensões, reações e retaliações.

Embora o título "Um Ministério Público Polivalente" seja abrangente, abarcando o Ministério Público de forma geral (Ministério Público Estadual e Federal, Ministério Público do Trabalho e Ministério Público Militar), a linha de exposição matriz vincula-se ao Ministério Público Estadual, seara em que se deu a atuação do autor.

Assim, em maior extensão, os comentários que permeiam os temas abordados têm origem na experiência profissional do autor obtida no âmbito do Ministério Público do Estado do Paraná.

Também, muitos dos exemplos paradigmáticos citados ocorreram no âmbito do Estado do Paraná, até em razão da interação profissional do autor. Todavia, muitos resultados práticos similares, ou até de maior envergadura, seja no âmbito do Ministério Público da União ou Estadual, também ocorreram em outras unidades da Federação.

Por fim, dessa exposição panorâmica acerca de temas diretamente ligados à função do Ministério Público no Brasil, espera-se que leitor possa melhor assimilar a natureza e a importância da Instituição como mecanismo de efetiva atuação no processo civilizatório da sociedade e, ao mesmo tempo, afastar eventual visão distorcida disseminada por aqueles que pretendem enfraquecê-la.

# 1
# O MINISTÉRIO PÚBLICO ANTES DA CONSTITUIÇÃO DE 1988

> **Origem Remota.** Era a língua e os olhos do rei; castigava os rebeldes, reprimia os violentos, protegia os cidadãos pacíficos. Acolhia os pedidos do homem justo e verdadeiro, perseguindo o malvado e mentiroso; era o marido da viúva e o pai do órfão; fazia ouvir as palavras da acusação, indicando as disposições legais que se aplicavam ao caso; tomava parte das instruções para descobrir a verdade.[1]

A instituição Ministério Público, tal como consagrada na Constituição de 1988, tem contornos peculiares. A rigor, pode-se dizer que sua conformação — apropriada para um genuíno estado democrático — não encontra paralelo em outros países.

---

[1] MAZZILLI, Hugo Nigro, reproduzindo Mario Vellani e outros. *Regime Jurídico do Ministério Público*. São Paulo: Saraiva, 1993, p. 2.

Mas essa questão será melhor explanada no capítulo 3. Antes, sem adentrar em minúcias, cabe traçar algumas linhas sobre a origem dessa instituição.

Os doutrinadores afeitos a essa matéria costumam debruçar-se sobre a legislação e documentos antigos para melhor evidenciar a origem e a evolução do que hoje se tem como instituição. Mas o que se colhe de significativo, são fragmentos de atribuições que aqui e acolá mostram parcial identidade em relação ao plexo de atividades funcionais contemporâneas do Ministério Público.

Na verdade, o ofício de formalizar a acusação na esfera do direito penal e, mais recentemente, de ser o legítimo defensor dos interesses mais relevantes da sociedade, é resultado de um longo processo evolutivo.

Nos regimes monárquicos, além das ações próprias do executivo e do legislativo, as ações de investigar, acusar e julgar eram concentradas na figura do próprio rei. Nesse sentido, faz-se coerente a conhecida a expressão francesa, atribuída a Luís XIV: *L'État c'est moi* (O Estado sou eu).

Em certos momentos históricos, deixando de ser uma atribuição do soberano, o poder-dever passou a ser dos magistrados. Neles estavam concentradas as ações de acusar e julgar, circunstância que, ao longo do tempo, evidenciou obviamente certa precariedade para o alcance do justo.

Na proporção em que se fortalecia o estado organizado e cresciam as demandas de relevância social, ainda sob o jugo monárquico, o soberano percebeu que o domínio da Justiça, e, sobretudo, dos seus mais amplos interesses, ia, gradativamente, escapando do seu controle, ficando nas mãos dos magistrados.

Sob a ótica do soberano, era preciso controlar esse poder-dever agora concentrado nas mãos dos magistrados. Impunha-se a criação de órgãos que fiscalizassem o exercício dessa função.

Certamente, é com essa visão que a Ordenação francesa de 25 de março de 1302, instituiu o corpo de procuradores do rei (*les gens de roi)*, os quais deviam fazer o mesmo juramento dos magistrados. Eram também proibidos de exercer qualquer outra função, que não a defesa dos interesses do rei. Inicialmente, tais procuradores apenas defendiam os interesses privados do Rei junto aos tribunais.

Segundo os mais renomados doutrinadores, foi nessa época que o Ministério Público começou a ser chamado de *parquet*. Os seus membros não se dirigiam aos juízes do chão, mas em cima de um estrado (*parquet*) em que eram colocadas as cadeiras dos membros do Judiciário. Mas falavam de pé, razão porque passariam a ser chamados de *Magistrature debout*, ou seja, magistratura de pé. Pretendia o soberano dar prestígio aos seus procuradores e permitir que atuassem com independência em relação aos juízes. Era também uma espécie de magistratura diversa daquela que detinha poder judicante.[2]

Posteriormente, na época de Luís XIV, em 1670, passaram também a exercer o ofício de acusador oficial e conseguiram obter maior autonomia.[3]

---

[2] MACHADO, Antônio Cláudio da Costa. *A Intervenção do Ministério Público no Processo Civil Brasileiro*. São Paulo: Saraiva, p. 13 e 14.

[3] GARCIA, Emerson. *Ministério Público: Organização, Atribuições e Regime Jurídico*. Rio de Janeiro: Lumen Juris, 2004, p. 9 e 10.

Após a revolução francesa, os procuradores obtiveram a garantia da inamovibilidade e independência em relação ao executivo, "ainda que efêmeras".[4]

Esta é a origem remota do Ministério Público mais indicada pela doutrina especializada.

Todavia, nessa busca remota da origem, costuma-se fazer menção a um funcionário real no Egito, denominado *magiaí*, existente há quatro mil anos. O que chama atenção, como relevante e curioso elemento histórico, é que esse funcionário:

> Era a língua e os olhos do rei; castigava os rebeldes, reprimia os violentos, protegia os cidadãos pacíficos. Acolhia os pedidos do homem justo e verdadeiro, perseguindo o malvado mentiroso; era o marido da viúva e o pai do órfão; fazia ouvir as palavras da acusação, indicando as disposições legais que se aplicavam ao caso; tomava parte das instruções para descobrir a verdade.[5]

---

[4] GARCIA, Emerson. *Ministério Público: Organização, Atribuições e Regime Jurídico.* Rio de Janeiro: Lumen Juris, 2004, p. 10.

[5] MAZZILLI, Hugo Nigro. *Regime Jurídico do Ministério Público.* São Paulo: Saraiva, 1993. p. 2.

# 2

# PROCESSO EVOLUTIVO NO BRASIL

No Brasil, partindo-se da fase imperial e fazendo apenas uma abordagem fragmentada, algumas facetas demonstram uma gradativa evolução para chegar ao que hoje conhecemos como instituição.

Já na Constituição Imperial (1824), conforme Pimenta Bueno, o Ministério Público é tratado como um órgão incumbido de "cumprir deveres e defender direitos da sociedade e do governo perante todas as instâncias e tribunais".[6]

É que, nesse passo, o Ministério Público exercia, cumulativamente, funções na defesa de interesses da sociedade e do governo. Os seus agentes eram de livre escolha do governo. Por óbvio, não gozavam das garantias hoje instituídas e, por via reflexa, não exerciam suas funções com a desejada autonomia e independência.

---

[6] *Apud* GARCIA, Emerson. *Ministério Público: Organização, Atribuições e Regime Jurídico.* Rio de Janeiro: Lumen Juris, 2004, p. 29.

O Código de Processo Penal do Império, de 1832, abria uma seção específica aos promotores públicos. Eles tinham a incumbência de oferecer denúncia pelos "crimes públicos e policiais" e "acusar delinquentes perante aos jurados", como crimes de homicídio, roubos e "ferimentos". Consolidava-se ali a função tradicional do Ministério Público, qual seja o de titular da ação penal.

Segundo esse Código, os promotores públicos tinham também a incumbência de denunciar os crimes de injúria contra o Imperador, membros da família imperial e contra a Regência.

Os promotores públicos eram nomeados pelo governo da Corte, ou presidente das províncias, dentre as pessoas idôneas — aqueles que podiam ser jurados, preferencialmente os que eram "instruídos nas leis".

Nesse código foi consagrada a expressão "promotor público", e que ainda hoje é aqui e acolá utilizada. Mas, atualmente, a nomenclatura correta é promotor de Justiça.

Em 1871, e aqui se menciona uma curiosidade pinçada por Emerson Garcia[7] de que, na lei do ventre livre,[8] o promotor público passou a ter incumbência de velar pelo registro e proteção dos filhos dos libertos.

Já naquela época, acentuava-se um flanco da nobre vocação dos agentes do Ministério Público: protetor do fraco e indefeso. Sublinhe-se: não era só o exercício voraz de acusador

---

7 GARCIA, Emerson. *Ministério Público: Organização, Atribuições e Regime Jurídico*. Rio de Janeiro: Lumen Juris, 2004, p. 30.

8 BRASIL. Lei n. 2.040, de 28 de novembro de 1871. Declara de condição livre os filhos de mulher escrava que nascerem desde a data desta lei, libertos os escravos da Nação e outros, e providencia sobre a criação e tratamento daqueles filhos menores e sobre a libertação de escravos.

implacável que, amiúde, alguns menos avisados pretendiam, e ainda hoje pretendem, obliquamente qualificá-lo.

No início da fase republicana surgiam os primeiros lampejos legislativos que sinalizavam para o surgimento de um organismo com perfil institucional. De iniciativa do então ministro da Justiça Campos Sales, o Decreto n. 848, de 11 de outubro de 1890[9] e o Decreto 1030, de 14 de novembro de 1890[10], no qual o Ministério Público é tratado como o fiscal da lei, procurador dos interesses gerais, incumbido de promover a ação pública contra todas as violações do direito. Tinha a incumbência também de ser assistente dos sentenciados, dos alienados, dos exilados e dos mendigos.

Seguia-se, pois, instituindo um organismo, cuja vocação era promover a defesa da *res publica* de uma forma geral, sem esquecer a defesa dos interesses dos grupos sociais mais débeis. Especialmente, elegia-se o Ministério Público como instituição necessária em toda a organização democrática.

Curiosamente, não obstante o avanço legislativo elaborado por Campos Sales, a Constituição Republicana de 1891 não tratou o Ministério Público como instituição consolidada.

A Constituição de 1934, por sua vez, inseriu expressamente o Ministério Público como ente institucional, considerando-o como órgão do executivo. Estabeleceu que o procurador-geral da República, chefe da Instituição Federal seria escolhido "entre os cidadãos com requisitos estabelecidos para os ministros da Suprema Corte", e passível de ser demitido *ad nutum*, ou seja, pela livre vontade do presidente da República.

---

[9] Decreto que organiza a Justiça Federal.

[10] Decreto que organiza a Justiça do Distrito Federal.

Previu-se a criação do Ministério Público nos estados, cabendo a cada qual a competência para regulamentar o órgão segundo a legislação local.

Era ainda incipiente a desejada independência funcional. Por esse regime, o exercício funcional do procurador-geral ficava ainda sob "rédea curta". A qualquer dissidência, podia o presidente da República demiti-lo. E foi assim por muito tempo.

E qual é o chefe de executivo federal ou estadual que não quer manter sob seu jugo a Polícia e o Ministério Público? Aguardava-se a evolução a cargo de estadistas. E chegaríamos a eles?

Em 1937, a Constituição ditatorial de Getúlio Vargas não tratou especificamente da instituição Ministério Público. Apenas estabeleceu a forma de escolha do procurador-geral da República, repetindo o que foi preconizado em 1934.

Em 1939, com a promulgação do Código de Processo Civil, disciplinou-se a atuação do Ministério Público na esfera cível. Mas houve ainda um tratamento assistemático. Em alguns artigos esparsos estabelecia, ainda timidamente, sua intervenção em alguns processos (*v.g.*, inventários, interesse de incapazes, usucapião). Ainda nada se falava sobre a intervenção em causas de interesse público.

Predominava, ainda na época, sua atuação tradicionalmente conhecida, ou seja, a promoção da acusação no processo penal.

Em 1941, com o Código de Processo Penal, consolidava-se a legitimidade do Ministério Público como titular da ação penal (não exaustiva). Foi estabelecido o seu poder de requisitar a instauração de inquérito policial e fiscalizar aplicação da lei penal, atribuição que se estendia, inclusive, quanto à imposição das penas. Era mais um avanço na área penal. Ampliava-se o leque de atribuições. Com o poder de requisitar — e não simplesmente solicitar — o seu poder de fogo ganhava amplitude. Podia, agora, alcançar alvos dantes protegidos por algumas amarras oriundas do poder econômico, social e político. A polícia, ainda com poucos delegados de carreira, tinha menor grau de independência e sua desenvoltura encontrava limites num sistema garroteado.

Mas o avanço ainda foi mínimo. O próprio Ministério Público ainda não gozava das garantias para o exercício pleno de seu ofício.

Com a Constituição de 1946, inspirada pelos ideais democráticos, o Ministério Público voltava a merecer título autônomo, sem qualquer vinculação aos poderes da República. Importa destacar que a seus membros foi assegurada a estabilidade e inamovibilidade (relativa). O ingresso na carreira passou a ser por concurso público.

O procurador-geral da República era nomeado pelo presidente da República, dentre os brasileiros com mais de 35 anos, de notável saber jurídico e reputação ilibada, depois de aprovação do Senado.

O chefe do Ministério Público Federal era ainda recrutado fora das fileiras e demissível *ad nutum*, ou seja, por livre disposição de vontade do presidente, independentemente de qualquer motivação.

Mesmo assim, pode-se dizer que se desenhava ali um anteprojeto de Ministério Público com maior independência funcional. Em razão da estabilidade e da inamovibilidade, começava a surgir uma instituição mais desenvolta para o enfrentamento dos desafios na função. Com o concurso público, afastava-se a nomeação de agentes ao livre arbítrio do poder executivo.

Sempre é bom lembrar que antes da exigência de concurso público, eram nomeados bacharéis em direito para exercer a função, os quais podiam, simultaneamente, exercer a advocacia. Não é difícil imaginar as dificuldades operacionais e os entraves éticos que certamente surgiam nessa época, especialmente nas comarcas pequenas.

A partir dessa Carta Constitucional, os agentes do Ministério Público, começaram a ganhar maior visibilidade e respeito. Melhores preparados, mediante o concurso, e com certa independência, ganharam notoriedade e "fincaram estacas" para estimular a evolução institucional. Tinha início ali um desbravamento mais técnico para a imposição da ordem e da lei.

Mas, não se pode desprezar que mesmo no período anterior muitos promotores de Justiça ganharam proeminência. Tancredo Neves é um exemplo significativo. Foi nomeado promotor de Justiça em 1932, tendo assumido a Comarca de São João Del-Rei, no Estado de Minas Gerais. Permaneceu no cargo até 1935, a partir do início de sua carreira política.

Embora por pouco tempo, Getúlio Vargas foi também promotor de Justiça em Porto Alegre (janeiro/1908 a março/1909). Pelo visto, naquela época, ainda sob nomeação, o exercício do cargo prestava-se também para dar início a uma carreira política.

Roberto Lyra, considerado o príncipe dos promotores de Justiça do Brasil, foi um grande tribuno. Exerceu o cargo de promotor de Justiça no Rio de Janeiro. Em 1937, lançou o livro "Teoria e Prática da Promotoria Pública", em que traça o ideário da instituição.

Sobre essa obra, repetindo as palavras de Sérgio Gilberto Porto, promotor de Justiça e professor:

> Embora publicada em 1937, já apontava com clareza meridiana o real caminho, a vereda do Ministério Público, afastando o vezo deturpado do acusador sistemático e colocando às claras a imagem daquele que, por um lado, promove a distribuição da justiça, e de outro, vela pela ordem jurídica.[11]

Já nos idos do ano de 1952, quando o promotor de Justiça era mais conhecido por sua atuação na área criminal, Lyra, numa surpreendente visão prospectiva, disse:

> Idealizo a transformação do Ministério Público em Ministério Público social, preocupado não apenas com as ilegalidades, mas principalmente com as injustiças. Os privilégios, os pesos e medidas desiguais são inconstitucionais. O Ministério Público evoluiria para assumir a responsabilidade daquilo que é mais significativo na ordem jurídica, a paz social pela justiça social. [...] O Ministério Público social procurará dar a cada um o que é seu, mas muito mais que isso, procurará acudir a quem nada tem de seu, a quem quer mas não pode viver honestamente, a quem, apesar de tudo, não prejudica ninguém.[12]

---

[11] PORTO, Sérgio Gilberto. *In*: LYRA, Roberto. *Teoria e Prática da Promotoria Pública*. 2ª ed. Porto Alegre, Sérgio Antonio Fabris/Escola Superior do Ministério Público do Rio Grande do Sul, 1989, Prefácio.

[12] Texto que, reiteradamente citado, faz parte dos anais históricos do Ministério Público do Brasil.

Em 1967, já durante o governo militar, a nova Constituição, embora mantendo a instituição em título autônomo, sem alterações substanciais, inseriu-a no capítulo do Poder Judiciário.

Simbolicamente, embora não fosse essa a aspiração desejada para os analistas vocacionados, o fato de integrar o Poder Judiciário, dava o Ministério Público — no contexto da época — um passo importante para se obter, futuramente, a autonomia e independência funcional, já que, ali, reconhecia-se semelhança institucional com os magistrados.

A Emenda Constitucional de n. 1/69, formulada em tempos de endurecimento do regime que comandava a nação, promoveu, no entanto, mais um retrocesso. O Ministério Público foi inserido como órgão integrante do Poder Executivo.

Em 1973, com o novo Código de Processo Civil, restou melhor disciplinada a atuação do Ministério Público como órgão agente ou interveniente fiscal da lei.

Assim, deveria intervir nas causas em que há interesse de incapazes; nas causas concernentes ao estado da pessoa, pátrio poder, curatela, interdição, declaração de ausência e disposição de última vontade e em todas as demais causas de interesse público, evidenciado pela natureza da lide ou qualidade da parte. Como agente, o promotor poderia, por exemplo, promover ação de interdição de incapazes, nulidade de casamento, remoção de inventariante, nomeação e destituição de tutores e curadores, extinção de fundações.

Entre suas funções, estava especialmente a incumbência de intervir nas causas de interesse público, o que evidenciava, desde logo, a genuína vocação da instituição para a defesa dos interesses supremos da sociedade.

Essa intervenção justificava-se não para somar-se ao defensor da União ou do Estado, mas sim, e principalmente, para defender o interesse público primário, ou seja, interesse público relevante para a sociedade, que não se confunde com o interesse secundário (interesse do governo).

Crescia a importância do Ministério Público como fiscal da lei em matéria de interesses magnos, com especial repercussão na esfera pública.

O Ministério Público, na condição de titular da ação penal consolidada, ainda que não exclusiva, com a vocação para a defesa do fraco e indefeso, caminhava agora para suportar uma viga mais forte: *custos legis* (fiscal da lei) nas causas de interesse público.

Vicejava uma raiz para futuros desafios!

Entre avanços e recuos, sob a conveniência do poder político de plantão no poder, o Ministério Público chega ao ápice na década de 1980, com organicidade e atribuições bem definidas. Ganhava-se uma instituição especialmente vocacionada para defender os interesses relevantes da sociedade.

Em agosto de 1981, quando da promulgação da lei que estabeleceu a Política Nacional do Meio Ambiente, ao Ministério Público foi conferida a legitimidade para propor ação de responsabilidade civil e penal, por danos causados ao meio ambiente.[13] A par da clássica vocação na esfera criminal, era a sinalização de reconhecimento da vocação institucional para a tutela de interesses difusos da sociedade.

---

13 BRASIL. *Lei n. 6.938, de 31 de agosto de 1981.* Dispõe sobre a Política Nacional do Meio Ambiente, seus fins e mecanismos de formulação e aplicação, e dá outras providências.

Em 1981, já no mês dezembro, ainda pleno regime militar, mas já em processo gradual de arejamento das instituições — etapa preparatória para o restabelecimento do regime democrático — o poder constituído deu mostras de que reconhecia no Ministério Público uma instituição essencial à função jurisdicional do Estado. Uma prova disso é que nesse período foi promulgada a Lei Complementar n. 40/81, que estabelecia normas para a organização do Ministério Público nos estados.

Era um significativo marco para, formalmente, consolidar o perfil de Ministério Público consentâneo com os novos desafios.

Com esses avanços, definia-se o Ministério Público como sendo "Instituição permanente e essencial à função jurisdicional do Estado, e responsável, perante o Judiciário, pela defesa da ordem jurídica e dos interesses indisponíveis da sociedade, pela fiel observância da Constituição e das Leis".

Essa lei complementar estabelecia como princípios institucionais: unidade, indivisibilidade e autonomia funcional. Ganhava a instituição, por outro lado, a autonomia administrativa e financeira, com a previsão de dotação orçamentária própria. Estabelecia também as normas para organização, carreira, atribuições, garantias para o exercício funcional, direitos, deveres e vedações, cuja análise será desenvolvida nos capítulos seguintes.

Chegara, enfim, o Ministério Público num ponto inflexivo, com estatura orgânica para exercer parcela da soberania do Estado. Isso era, como se disse na época, uma "carta de alforria". Esse instrumento legal foi o movimento jurídico embrionário para a formatação institucional, tal como consolidada na Constituição de 1988.

Era preciso, dali em diante dotar a instituição de instrumentos legislativos adequados para o exercício de sua vocação funcional.

Em 1985, nesse rumo, implantava-se mais um importante instrumento processual: era a Lei da Ação Civil Pública.[14] Conferia-se ao Ministério Público a legitimidade, não exclusiva, para promover a defesa dos interesses coletivos e difusos,[15] a exemplo: defesa do meio ambiente, consumidor, bens e direitos de valor artístico, estético, histórico e paisagístico.[16]

Inaugurava-se uma fase importantíssima na história evolutiva. O Ministério Público emergia como defensor magno da sociedade e tinha, agora, a seu dispor, um instrumento processual vigoroso para dar cabo a sua incumbência.

Para a consecução desse fim, concebia-se, paralelamente, outro instrumento jurídico: o inquérito civil público, cuja legitimidade de instauração foi conferida exclusivamente ao Ministério Público.

---

14 BRASIL. *Lei n. 7.347, de 24 de julho de 1985.* Disciplina a ação civil pública de responsabilidade por danos causados ao meio-ambiente, ao consumidor, a bens e direitos de valor artístico, estético, histórico, turístico e paisagístico (VETADO) e dá outras providências.

15 Interesses coletivos: compreende uma categoria determinada ou determinável (ex.: portadores de deficiência, crianças e adolescentes). Interesses difusos: comum a um grupo indeterminado ou indeterminável (ex.: moradores de uma região atingida por poluição ambiental).

16 E outros tantos acrescentados pela legislação subsequente à Constituição de 1988, como: ordem urbanística, patrimônio público e social, infração à ordem econômica, defesa da honra e dignidade de grupos raciais, étnicos e religiosos.

Assim, para melhor compreensão, na apuração de delitos criminais, os delegados de polícias eram os titulares para a instauração do inquérito policial. Na esfera cível, na hipótese de violação da lei em detrimento dos interesses difusos e coletivos, a apuração de ilicitudes deveria ser exercitada em sede do inquérito civil público.

Com organicidade adequada para enfrentar os desafios de uma sociedade moderna, cada vez mais ávida para atender demandas concernentes a direitos coletivos e difusos, a instituição caminhava para alcançar patamares poucos visitados pelo Direito.

Com o instrumental da ação civil pública à disposição, a visibilidade do Ministério Público aumentou exponencialmente. Espocaram ações na defesa dos interesses coletivos e difusos. A sociedade, ainda tão acostumada a ver o promotor de Justiça ou procurador da República enclausurado nos gabinetes tendo como clientela um segmento estigmatizado — os contumazes delinquentes por crime de sangue ou contra o patrimônio — ficou positivamente perplexa.

Todavia, não entendia bem que Ministério Público era esse! Como o promotor de Justiça ou o procurador da República, que tinha destaque ligado a sua atuação criminal, estava agora, envolvido com as questões como meio ambiente, consumidor, patrimônio histórico?

Na área cível, os agentes do Ministério Público deixavam de ser "despachantes processuais". Passaram a ocupar a posição de protagonistas de ações que viriam, gradativamente, proporcionar o ambiente ideal para a implantação de práticas sociais relevantes.

Ao cumprir com razoável êxito as novas incumbências, o Ministério Público credenciava-se, solidamente, para obter o destacado reconhecimento na nova Constituição. Agora, a pergunta era: o que mais viria como substrato legislativo constitucional, capaz de aprimorar a instituição e dotá-la de maior vigor operacional?

# 3
# O MINISTÉRIO PÚBLICO NA CONSTITUIÇÃO CIDADÃ

## Arejamento pré-constitucional

Com o ambiente político arejado, e na ânsia de se restabelecer uma genuína democracia, com a plena instalação do estado de direito, em meados de 1985 e, sobretudo, durante os trabalhos da Constituinte de 1988, houve uma intensa movimentação dos membros do Ministério Público.

Em todos os quadrantes da nação, já estimulados pelo avanço legislativo do início da década de 1980, os integrantes do Ministério Público viviam um clima de euforia no exercício de sua função. Em contrapartida, a sociedade experimentava resultados auspiciosos desse novo modelo institucional.

O contexto era, pois, inteiramente propício para a consolidação desse novo perfil na Constituição que se projetava. Inúmeros encontros nacionais, regionais e grupos de estudos locais eram realizados sob intensos e produtivos debates para a formulação da nova formatação institucional.

Assim, com base em ampla consulta aos integrantes do Ministério Público (federal e estadual), a Confederação Nacional do Ministério Público (CONAMP), elaborou, em meados de 1986, o documento conhecido como a "Carta de Curitiba", na qual se projetava o perfil desejado pela classe.

Na essência, praticamente todo o esboço desenhado nesse documento restou acolhido pelos constituintes. Em princípio, para efeito de reconhecimento, cabe deixar registrado que o arquétipo constitucional vigente não foi fruto exclusivo de uma mente parlamentar iluminada. Para inúmeros baluartes, competentes e aguerridos membros do Ministério Público de então deve-se, de início, creditar os méritos. A vontade é nominar tantos e quantos.

Todavia, a despeito de muitos que se envolveram nessa nobre tarefa, registra-se aqui (nota 17), como forma também de homenagem, aqueles agentes que, no mês de dezembro de 2018, foram agraciados pela Associação Nacional do Ministério Público (CONAMP), com a Medalha Ordem do Mérito.[17]

[17] Agassiz Amorim Almeida, Promotor de Justiça aposentado do Ministério Público do Estado da Paraíba; Benedito Torres Neto, Procurador de Justiça do Ministério Público do Estado de Goiás e Presidente do Conselho Nacional de Procuradores-Gerais (CNPG); Elza Rodrigues Lugon, Procuradora de Justiça aposentada do Ministério Público do Distrito Federal e Territórios; Gilvan Correia de Queiroz (*in memoriam*), Procurador de Justiça aposentado do Ministério Público do Distrito Federal e Territórios; Hugo Nigro Mazzilli, Procurador de Justiça aposentado do Ministério Público do Estado de São Paulo; Jorge Luiz Dodaro, Subprocurador-Geral de Justiça Militar; Luiz Celso de Medeiros, Procurador de Justiça aposentado do Ministério Público do Paraná; e Walter Paulo Sabella, Procurador de Justiça do Ministério Público do Estado de São Paulo.

Não obstante esse profícuo engajamento institucional para a formulação desse perfil, não se pode esquecer que, efetivamente, muitos parlamentares se destacaram como verdadeiros estadistas, fato que tornou possível a atual configuração constitucional. Seus nomes estão devidamente grifados nos anais da Constituinte.

Segundo Mazzilli, "em especial foi notável o trabalho desenvolvido em prol do Ministério Público pelos constituintes: Ibsen Pinheiro, Theodoro Mendes, Plínio Arruda Sampaio e Fábio Feldman".[18]

## Posição constitucional do Ministério Público

Diferentemente do que ocorreu nas constituições anteriores, na Carta Magna de 1988, o Ministério Público não está vinculado a nenhum dos poderes. É um órgão do Estado, posicionado entre os poderes, com prerrogativa de poder, já que tem autonomia administrativa e funcional, além do que pode elaborar sua proposta orçamentária, dentro dos limites estabelecidos na lei de diretrizes orçamentárias.[19]

Esse novo posicionamento consolida, constitucionalmente, a independência institucional, o que significa especial ganho à sociedade. O Ministério Público não fica sujeito a possíveis ingerências de outro poder.

Interessante é anotar, como curiosidade, que Alfredo Valladão, nomeado para o Tribunal de Contas da União, como

---

18 MAZZILLI, Hugo Nigro. *Introdução ao Ministério Público.* 7ª ed. São Paulo: Saraiva, 2008, p. 63.

19 Foi inserido no capítulo IV (Das Funções Essenciais à Justiça, que integra o título IV (Da Organização dos Poderes), da Constituição.

representante do Ministério Público, já fazia, no início do século passado (1905) uma venturosa previsão:

> O Ministério Público se apresenta com a figura de um verdadeiro poder do Estado. Se Montesquieu tivesse escrito hoje o Espírito das Leis, por certo não seria tríplice, mas quádrupla, a Divisão dos Poderes. Ao órgão que legisla, ao que executa, ao que julga, um outro órgão acrescentaria ele — o que defende a sociedade e a lei, perante a justiça, parta a ofensa de onde partir, isto é, dos indivíduos ou dos próprios poderes do Estado.[20]

De procuradores dos interesses privados do rei na antiguidade, evoluía-se no Brasil, com a nova ordem legislativa, para a consolidação de um Ministério Público que passava a ser o legítimo defensor dos interesses supremos da sociedade.

Apesar de alguns reclamos, fruto ainda de alguma incompreensão, ultimamente, pela visibilidade que ganhou o Ministério Público em inúmeras operações de destaque, e, sobretudo, pela conhecida operação Lava Jato — que alcançou notórios personagens da política —, essa noção de independência vai se afirmando e a instituição passa a ser, nesse sentido, melhor assimilada.

Não há uniformidade quanto ao posicionamento do Ministério Público em outros países. A título de ilustração, sem maiores digressões de fundo, reporta-se, neste tópico, a três exemplos.

Na Itália, o Poder Judiciário congrega os magistrados que exercem a função judicante e os magistrados que exercem a

---

[20] Alfredo Valladão *apud* LYRA, Roberto. *Teoria e Prática da Promotoria Pública*. Porto Alegre: Sérgio Antonio Fabris/Escola Superior do Ministério Público do Rio Grande do Sul, 1989, p. 23.

função própria dos agentes do Ministério Público (magistratura requerente). Seus membros são admitidos mediante concurso público.

Na França, os agentes que exercem função própria de Ministério Público integram a denominada *Magistrature debout* (magistratura de pé). O processo de seleção é feito pela Escola Nacional da Magistratura, que é controlada pelo Ministério da Justiça. Há certa ligação com o executivo, na medida que, por exemplo, "os membros do Ministério Público são, em princípio, nomeados, exonerados e punidos livremente pelo Ministro da Justiça [...]. Quanto à sua atividade, mesmo judiciária, enfim, os membros do Ministério Público são, em certa medida ao menos, submetidos aos seus superiores hierárquicos e, em última instância, ao Ministro da Justiça, de quem serão obrigados a executar determinadas ordens".[21]

Nos Estados Unidos é um órgão voltado essencialmente para o combate à criminalidade. É singularmente diferente em relação ao Ministério Público de outros países. Há peculiaridades próprias em cada Estado da Federação, em razão da autonomia legislativa. A escolha de seus membros não é feita por concurso público. Na maioria das unidades federativas, os seus membros são escolhidos por eleição. O *Attorney General*, que corresponde ao Procurador-Geral da República aqui no Brasil, é escolhido pelo presidente da República, cujo nome é posteriormente submetido ao Senado.

---

[21] GARCIA, Emerson. *Ministério Público: Organização, Atribuições e Regime Jurídico*. Rio de Janeiro: Lumen Juris, 2004, p. 13.

## Princípios institucionais, garantias e vedações

Os agentes do Ministério Público integram as denominadas carreiras de Estado e, por isso, submetem-se a um regime jurídico diferenciado. Para a consecução sóbria de magnas tarefas institucionais, entendeu o constituinte que seria de vital importância sistêmica conferir a estes agentes garantias, estabelecer vedações e fixar princípios norteadores para o fiel cumprimento do mandamento constitucional.

Assim, na Constituição de 1988, foram fixados, como princípios institucionais do Ministério Público, a unidade, indivisibilidade e a independência funcional.[22]

Por unidade, é de se entender que Ministério Público é instituição única. Seus membros integram um só órgão. Cada membro, quando atua, representa a instituição e não sua individualidade. Assim, mesmo que membros atuem, interpretativamente, de forma divergente a respeito de um mesmo fato, isso não afeta a unidade da instituição.

Para melhor entender o princípio da indivisibilidade, cabe fazer uma leitura conjugada deste com o princípio da unidade. "O princípio da indivisibilidade está intimamente entrelaçado com o da unidade".[23] Um membro da instituição pode substituir outro, em caso de necessidade (férias, licença, etc.), sem que isso signifique qualquer comprometimento à atuação institucional.

Por isso, preferível é afirmar que o Ministério Público, como já se dizia alhures, é "uno e indivisível".

---

[22] Art. 127, parág. 1º, da Constituição Federal de 1988.

[23] GARCIA, Emerson. *Ministério Público: Organização, Atribuições e Regime Jurídico.* Rio de Janeiro: Lumen Juris, 2004, p. 57.

A independência funcional, agora com assento na Constituição, reveste-se de magna importância para o cumprimento de seu ofício.

Significa dizer que os membros do Ministério Público podem atuar livremente, seguindo tão somente a lei e sua consciência. Nem mesmo estão vinculados a eventuais recomendações de ordem técnica emanadas de órgãos superiores da instituição. Mas é dever legal sempre motivar adequadamente suas alternativas.

Isso não significa, porém, "alvará aberto" para o exercício funcional arbitrário. Há limites. O princípio da independência funcional está diretamente vinculado às funções finalísticas dos membros do Ministério Público. Não significa, pois, admitir que fatores externos, não albergados pela ordem jurídica, possam ter qualquer influência na sua atuação profissional. Existem, sim, as amarras processuais pertinentes ao próprio sistema de distribuição de justiça e regime jurídico funcional próprio, questão que será também aqui oportunamente analisada.

Sob o ponto de vista administrativo, cada membro deve acatar as decisões dos órgãos da administração superior.

O princípio da independência funcional é, na prática, de suma importância para o exercício das atribuições que lhe são conferidas. Assim, como outras garantias e prerrogativas, que adiante serão mencionadas, a independência funcional é um atributo que se dá à instituição e aos seus membros, não um privilégio.

Na verdade, quando um membro do Ministério Público age livremente, de acordo com a lei e sua consciência, isto se reverte em benefício da própria sociedade. Trata-se de uma proteção não individual, mas ao cargo. Dessa forma, o agente estará imune a eventuais pressões ou retaliações que poderiam surgir por uma opção técnica que afrontaria interesses outros, que não os republicanos.

Ainda com o objetivo de dar maior proteção ao exercício funcional, consagrado está na Constituição que aos membros do Ministério Público será assegurada vitaliciedade, após dois anos de exercício, não podendo o agente perder o cargo senão por sentença judicial em julgado; inamovibilidade, salvo por motivo de interesse público e irredutibilidade de vencimentos. Neste aspecto, os membros do Ministério Público passaram, então, a equiparar-se aos magistrados.

Nessa linha, como uma vertente da independência funcional, insere-se também o regime especial de responsabilização civil aplicável aos membros do Ministério Público e, assim também aos juízes, diferenciada dos padrões da culpa comum.

O membro do Ministério Público, de acordo o novo Código de Processo Civil, e no mesmo sentido do código anterior, "só será civil e regressivamente responsável quando agir com dolo ou fraude no exercício de suas funções".[24]

Dessa forma, ao que se tem, não pode o cidadão eventualmente prejudicado ingressar com ação indenizatória diretamente contra o membro do Ministério Público. Eventual ação deve ser dirigida diretamente à União ou ao Estado, os quais, em caso de comprovado dolo, poderão regressivamente buscar a responsabilização pessoal do agente.

---

[24] Artigo 181, do Código de Processo Civil (Lei n. 13.105, de 16 de março de 2015).

Mesmo com esse sistema de proteção, para não deixar o agente vulnerável a qualquer ação movida por vingança, na prática, não raro, alguns réus ou investigados movem ações diretamente contra os agentes, mesmo que temerárias, apenas para incomodá-los ou desestabilizá-los.

Ainda no mesmo rumo de conferir certa imunidade funcional — prerrogativa igualmente concedida a parlamentares, advogados e juízes no exercício funcional — os agentes ministeriais gozam da "inviolabilidade pelas opiniões que externar ou pelo teor de suas manifestações processuais e procedimentos, nos limites de sua independência funcional".[25]

Fácil é imaginar que se assim não fosse, os agentes do Ministério Público que, sistematicamente, estão envolvidos na imputação de crimes e ilícitos de toda ordem, ficariam extremamente vulneráveis a inúmeras ações.

Como já se disse quanto ao princípio da independência funcional, essas garantias não podem ser consideradas como sendo privilégios pessoais, tal como, equivocadamente, alguns insinuam.

Repita-se à exaustão: em razão das peculiaridades que envolvem o exercício da função, seu conteúdo e seu alcance, tais garantias são extremamente necessárias para colocar magistrados e membros do Ministério Público num patamar formalmente diferenciado, a fim de permitir o exercício funcional com segurança, serenidade e isenção.

Os agentes do Ministério Público são considerados agentes políticos — não, é claro, no sentido partidário. Significa que

---

[25] Art. 41, inc. V, da Lei n. 8.625/93 (Lei Orgânica Nacional do Ministério Público).

são agentes investidos de atribuições constitucionais e "atuam com plena liberdade funcional, desempenhando suas atribuições com prerrogativas e responsabilidades próprias, estabelecidas na Constituição e em leis especiais. [...] Têm normas específicas para sua escolha, investidura, conduta e processo por crimes funcionais e de responsabilidade, que lhes são privativos [...]. São as autoridades públicas supremas, do Governo e da Administração na área de sua atuação, pois não estão hierarquizadas, sujeitando-se apenas aos graus e limites constitucionais e legais de jurisdição".[26]

Dessa forma, por submeterem-se a um regime jurídico próprio, os membros do Ministério Público, assim como os juízes, não são funcionários públicos comuns.

Fazendo uma rápida reflexão, basta analisar a importância da independência funcional e inamovibilidade para o contexto em que se desenvolve a denominada operação Lava Jato, que teve início em 2014. Não se pode esquecer que, nunca como dantes, inúmeros e importantes políticos, além de empresários de renome, foram alvo de ações criminais, alguns, inclusive, objeto de prisão preventiva.

Inimaginável seria a concretização dessa operação sem tais garantias. Muito provavelmente, se assim não fosse, os procuradores da força-tarefa teriam sido retaliados e removidos. Assim também ocorreria em relação ao juiz Sérgio Moro.

No caso exemplificado, também os delegados da Polícia Federal e os auditores da Receita Federal, ao que se sabe até agora, não foram ostensivamente molestados, até mesmo pelo

---

[26] MEIRELLES, Hely Lopes. *Direito Administrativo Brasileiro.* 15ª ed. São Paulo: Revista dos Tribunais, 1990, p. 67-68.

irrestrito apoio que essas corporações receberam da sociedade. A Polícia Federal e a Receita Federal, em princípio, atuam com autonomia técnica.

A excelência técnica de seus quadros, nos quais se ingressa por concurso público, assegura, por certo, uma atuação funcional independente. Mas sabe-se, pelos bastidores, que em certos casos, é possível que, veladamente, possa ocorrer tentativas de enquadramento, sob a conveniência dos escalões superiores.

Como incisivo passo civilizatório, no rumo de se constituir um genuíno estado de direito democrático, é tempo de repensar a estruturação, organicidade e novos fundamentos legais, no sentido de melhor garantir a atuação autônoma e independente das autoridades fiscais e policiais (civis e militares), encarregadas de sobrestar e elucidar os atos delinquentes. Com um bom sistema de controle sobre a atuação funcional, quiçá, poder-se-á também melhorar o nível de eficiência e a higidez operacional, desejável para todos os órgãos de controle nessa esfera investigatória.

Além de estabelecer as garantias relacionadas ao exercício do cargo, a Constituição de 1988 consagrou, também, a autonomia funcional e administrativa ao Ministério Público.[27]

Cabe à instituição, por outro lado, elaborar sua proposta orçamentária.[28]

O mesmo raciocínio feito em relação ao exercício do cargo, cabe em relação à autonomia funcional da instituição e quanto a sua gestão administrativa e financeira.

---

[27] Artigo 127, parágrafo 2º, da Constituição Federal de 1988.

[28] Artigo 127, parágrafo 3º, da Constituição Federal de 1988.

Não se trata de simples componente formal. Essa autonomia funcional, com gestão administrativa e financeira, tem salutar reflexo na sua atuação técnica. Não fica sujeita às amarras próprias da burocracia centralizada — e também de possíveis retaliações rasteiras — tão a gosto de alguns governantes propensos a imposições autoritárias.

O chefe de cada Ministério Público, liberto desses entraves, melhor pode conduzir a instituição com a preocupação voltada, substancialmente, para o cumprimento da missão constitucional.

Essa sensação de autonomia e independência gera reflexo direto na postura dos membros do Ministério Público. Cada agente incorpora essa envergadura no seu modo de agir. E não é outro sentido que dele esperam as pessoas de bem e que, civicamente, querem ajudar a movimentar a roda civilizatória.

Em razão da magna tarefa atribuída ao Ministério Público, incumbido de cumprir missão indelegável a entes privados — exercendo parcela da soberania do Estado — a Constituição, na mesma linha das garantias e prerrogativas conferidas, estabelece também uma série de vedações aos seus agentes, as quais complementam e reforçam o sistema, cujo objetivo é, afinal, garantir o exercício funcional independente.

A fixação de certos limites visa impedir que o agente possa, levado por interesses não republicanos, prevaricar ou negligenciar no cumprimento dos seus deveres funcionais, ou agir de forma tendenciosa.

Assim, conforme fixado na Constituição de 1988, o membro do Ministério Público não pode receber a qualquer título, honorários, percentagens ou custas processuais; exercer a advocacia; participar de sociedade comercial; exercer qualquer outra função pública, mesmo em disponibilidade, exceto uma de magistério e exercer atividade político-partidária.[29]

À primeira vista, tais vedações poderiam parecer óbvias. Porém, é preciso lembrar que em tempos remotos, como já se disse linhas atrás, o então denominado promotor público podia, simultaneamente, exercer a advocacia. Obviamente, não era uma boa prática. Além de não permitir o exercício exclusivo da função, a imparcialidade ficava, ao menos, sob desconfiança, em razão de possíveis conflitos de interesse.

Até a promulgação da Constituição de 1988, o promotor de Justiça poderia receber, por exemplo, custas nos processos de habilitação para casamento.

Era muito curioso. Em determinados dias da semana, era comum um representante do cartório de casamentos submeter ao promotor de Justiça os processos de habilitação e, ao mesmo tempo, entregar-lhe uma determinada quantia em dinheiro, ainda que irrisória. Muitos dos agentes do Ministério Público destinavam esses valores às pessoas carentes, sobretudo para cobrir eventuais custas de fotocópias necessárias a instruir processos de seus interesses.

A faculdade para exercício de outra função pública poderia dar, pelo menos aos mais incautos, oportunidade para um exercício funcional direcionado a outros interesses que não o de defender, essencialmente, o interesse público primário.[30]

---

29 Artigo 128, parágrafo 5º, inciso II, da Constituição Federal de 1988.

30 Interesse público primário compreende os interesses supremos da sociedade, que não se confunde com o interesse público secundário, na medida em que este pressupõe, por exemplo, interesse na defesa do erário, nem sempre coincidente com aquele.

A vedação do exercício de atividade comercial é também muito salutar. Não é compatível com o exercício de nobilitante função, além do que retiraria do agente uma parcela importante de tempo.

## A abrangência e o comando institucional

Para a consecução da nobre missão constitucional, o Ministério Público abrange o Ministério Público da União e o Ministério Público Estadual.

O Ministério Público da União, compreende:

a) o Ministério Público Federal;

b) o Ministério Público do Trabalho;

c) o Ministério Público Militar;

d) o Ministério Público do Distrito Federal e Territórios.

Neste livro, a análise e contextualização do exercício funcional, será feita englobando os princípios gerais e as linhas mestras aplicáveis ao Ministério Público, tal como posto na Constituição e na Lei Orgânica Nacional do Ministério Público.[31]

Por certo, os interessados, sejam os que pretendem ingressar na carreira, ou qualquer outro interessado em obter maiores informações, irão buscar elementos em outras referências bibliográficas, com abrangência peculiar a cada ramo.

---

[31] BRASIL. *Lei n. 8.625, de 12 de fevereiro de 1993.* Institui a Lei Orgânica do Ministério Público. Dispõe sobre normas gerais para a organização do Ministério Público dos Estados e dá outras providências.

Incidentalmente, no entanto, menciona-se, aqui e acolá, alguma peculiaridade ligada a algum ramo do Ministério Público da União.

A Lei Complementar 75/93, estabelece a organização, atribuições e estatuto do Ministério Público da União.

No âmbito estadual, cada unidade da federação tem, ou deveria ter a lei orgânica própria. De ambos os instrumentos legislativos pode-se extrair outros tantos elementos diferenciados.

Na intenção de realçar aspectos relevantes — demonstrando avanços ou lacunas a serem preenchidas — cabe aqui traçar algumas linhas sobre como se processa o acesso ao comando da instituição.

Conforme a Constituição de 1988, o Ministério Público da União tem por chefe o procurador-geral da República, nomeado pelo presidente da República, dentre os integrantes da carreira, maiores de 35 anos, após a aprovação de seu nome pela maioria absoluta dos membros do Senado Federal, para mandato de 2 anos, com a permissão de uma recondução.[32]

Embora não estabelecida na Constituição, nos últimos governos, a nomeação vinha recaindo no mais votado dentre uma lista tríplice votada no âmbito interno do Ministério Público da União. Essa prática foi, no entanto, quebrada com relação à nomeação da Procuradora-Geral da República Raquel Dodge, 2ª colocada.

Descartada a fórmula de nomeação *ad nutum*, ou seja, pela livre vontade do presidente da República, a destituição do procurador-geral da República — ainda que por iniciativa do

---

[32] Artigo 128, parágrafo 1º, da Constituição Federal de 1988.

presidente da República — deve ser precedida por autorização da maioria absoluta do Senado Federal.

Evidentemente, criou-se mais uma garantia em benefício da sociedade, afastando-se eventual método de represália, e sendo capaz de promover a destituição à revelia do interesse público. Para ser autorizada, a destituição deverá ser fundamentada em motivos republicanos.

Já com relação ao Ministério Público dos estados, a Constituição de 1988 estabeleceu expressamente que o respectivo procurador-geral de Justiça será escolhido dentre os integrantes de uma lista formada no âmbito interno de cada instituição. A escolha não recairá necessariamente sobre o primeiro colocado. Mas, em alguns estados, a praxe de se nomear o primeiro colocado vem se firmando. É uma nova conquista. Não se deve esquecer que, antes, respeitados os demais requisitos, era possível a nomeação de pessoas estranhas ao quadro funcional.

É razoável e desejável que, em futura emenda à Constituição, possa haver novo avanço, deixando expressamente assentado que o procurador-geral da República deverá ser o mais votado dentre uma lista tríplice formada *interna corporis*, regra extensiva ao Ministério Público dos estados.

# 4

# FUNÇÕES INSTITUCIONAIS E INSTRUMENTAL JURÍDICO

Com base na formatação embrionária estabelecida em 1981 pela Lei Complementar n. 40, e fruto de intensos debates institucionais, nascia na Constituição de 1988 uma instituição com ampliado feixe de funções republicanas.

Passou-se a ter agora, expressamente contemplada no contrato social que espelha nossa Constituição, a nobre missão de defender a ordem jurídica, o regime democrático, os interesses sociais e individuais indisponíveis.[33]

A defesa da ordem jurídica, "pressupõe a aferição de todos os atos praticados pelos órgãos do Estado, podendo ajuizar as medidas necessárias à coibição de abusos ou ilegalidades, sempre buscando mantê-los adstritos aos limites da Constituição e o Direito".[34]

---

[33] Art. 127, da Constituição Federal de 1988.

[34] GARCIA, Emerson. *Ministério Público: Organização, Atribuições e Regime Jurídico*. Rio de Janeiro: Lumen Juris, 2004, p. 44.

Ainda, conforme doutrina Emerson Garcia, fazendo uma interpretação teleológico-sistemática, e considerando a *ratio* da atividade finalística do Ministério Público, a defesa da ordem jurídica não se positiva de forma ampla e irrestrita, mas sim "à parcela que aglutine os interesses tutelados pelas normas de ordem pública, que abarcam , além dos interesses sociais, individuais, ainda que disponíveis, que gerem reflexos relevantes e imediatos na própria coletividade (*v.g.* as hipóteses contempladas no art. 82, I e II, do CPC".[35] No novo Código de Processo Civil, a referência corresponde ao art. 178.

Como órgão interveniente no processo cível, de acordo com o citado art. 178, sua atuação dar-se-á sempre que a questão discutida envolver interesse público ou social, interesse de incapaz e quando envolver litígios pela posse da terra rural ou urbana. A participação da Fazenda Pública não configura, por si só, hipótese de intervenção do Ministério Público.

Num sentido ampliado, pode-se dizer que a defesa do regime democrático se traduz numa função imbricada com a defesa da ordem jurídica. Defender a higidez do regime democrático significa assegurar a vigência de pleno estado de direito. Como se infere do longo processo evolutivo, é natural que o Ministério Público brasileiro seja o legítimo defensor do regime democrático, já que nesse espaço arejado de liberdade e pleno estado de direito é que pode transitar uma instituição independente.

E o Ministério Público sob a vigência de regimes ditatoriais?

---

[35] GARCIA, Emerson. *Ministério Público: Organização, Atribuições e Regime Jurídico.* Rio de Janeiro: Lumen Juris, 2004, p. 45.

O exercício funcional neste caso é marcado por limites severos. Muito difícil ou inimaginável, por exemplo, é o manejo de ação civil pública contra um órgão do Estado e eventual ação penal contra detentor de poder.

Como já dizia o Procurador de Justiça João Benedito de Azevedo Marques, do Ministério Público de São Paulo, em artigo publicado, em 21.11.1982, no jornal o Estado de São Paulo:

> O Ministério Público é filho dileto do Estado de Direito e só tem condições de prosperar e progredir num regime democrático pleno que ainda não alcançamos. Fora dele acaba muitas vezes por servir aos desígnios dos poderosos em nome de uma legalidade espúria e ilegítima, porque não provinda do povo, em cujo nome todo poder dever ser exercido.[36]

De forma mais específica, a legislação infraconstitucional destina-lhe a missão de atuar em todo o processo eleitoral, seja exercendo fluidamente a fiscalização do pleito, seja exercendo função de interveniente, ou como parte, por exemplo, em ações de impugnação de registros de candidaturas, ação de investigação judicial eleitoral (abuso do poder econômico ou abuso de autoridade), ação de impugnação de mandato eletivo e em outras representações para assegurar o cumprimento da legislação eleitoral.

A própria Lei Complementar 75/93, que dispõe sobre a organização, atribuições e estatuto do Ministério Público da

---

[36] Citado por DOTTI, René Ariel. *Ministério Público, Direito e Sociedade*. Porto Alegre, Sérgio Antônio Fabris/Associação do Ministério Público do Rio Grande do Sul e Escola Superior do Ministério Público, 1986, p. 140, reportando-se a um artigo publicado do jornal *O Estado de São Paulo*, no dia 21.11.1982.

União, estabelece que "compete ao Ministério Público Federal, exercer no que couber, junto à Justiça Eleitoral, as funções do Ministério Público, atuando em todas as fases e instâncias do processo eleitoral".

Um exemplo paradigmático recente foi a impugnação da candidatura do ex-Presidente Lula. A Procuradora-Geral da República Raquel Dodge, independentemente de outras impugnações ofertadas por partidos políticos, ingressou, de forma autônoma, com a impugnação, em razão da sua inelegibilidade ditada pela chamada "Lei da Ficha Limpa".

Na defesa dos direitos sociais abre-se um leque enorme de possibilidades de atuação. É o caso, por exemplo, da defesa dos direitos do consumidor, meio ambiente, patrimônio público e social, dentre outros interesses difusos e coletivos, que tiveram disciplina na lei infraconstitucional, advinda após a promulgação da Constituição de 1988. Some-se a esse conjunto, a defesa dos direitos da criança e do adolescente, dos idosos, das pessoas com deficiência e direitos humanos.

Além da defesa dos direitos coletivos e difusos, na esfera dos direitos individuais indisponíveis, pode o Ministério Público atuar na defesa da saúde, da vida, da liberdade.

Na sequência, abordar-se-á de uma forma mais específica, as funções institucionais e as ferramentas aptas a permitir o desempenho de tão magnas tarefas constitucionais, contextualizando, sobretudo no tocante à defesa dos interesses coletivos e difusos, alguns exemplos de atuação que propiciaram maior visibilidade ao Ministério Público.

O objetivo, como já deve ter ficado claro na exposição até aqui feita, é propiciar ao leitor uma visão panorâmica. A exposição não será exaustiva e, no que for abordado, não se descerá a minúcias.

## Atuação na esfera criminal

Na função institucional tradicional, cabe ao Ministério Público promover, privativamente, a ação penal pública.[37]

A inovação constitucional foi no sentido de atribuir ao Ministério Público a legitimidade exclusiva para promovê-la.

É bom lembrar que antes da Constituição de 1988, havia algumas hipóteses em que o Ministério Público não detinha essa exclusividade. Era o caso, por exemplo, do crime de homicídio culposo, lesão corporal culposa e contravenção, cuja ação penal podia ocorrer por iniciativa do delegado de polícia ou do próprio juiz.

Excetuadas as ações penais de natureza privada, como é caso, por exemplo, a ação penal por calúnia e injúria, e também a ação subsidiária da pública — aqui por eventual inércia do agente ministerial nas hipóteses legais — o Ministério Público é considerado o *dominus litis* (o dono da lide, dono da ação penal). Com essa prerrogativa, cabe ao Ministério Público fazer o juízo de valor sobre o crime antes de iniciada a ação penal.

De posse do inquérito policial, cabe aos promotores de justiça e procuradores da República exercer a chamada *opinio delicti*, ou seja: se entender que a peça investigatória contém indícios suficientes de autoria e prova da materialidade, oferecerá a denúncia, que é a peça processual acusatória.

É bom esclarecer, principalmente para os que não estão afeitos à mecânica processual, que nesta fase da formulação da denúncia vige o princípio do *in dubio pro societate*. Assim, ao

---

[37] Art. 129, inc. I, da Constituição Federal de 1988.

fazer o juízo de valor, o agente do Ministério Público, mesmo que haja eventual dúvida, pode oferecer a denúncia.

À sociedade interessa que haja a instauração do processo para o pleno esclarecimento. Tome-se, como exemplo, um caso prático de simples compreensão. Ao analisar os elementos de convicção referentes a um acidente de trânsito, tendo vítima fatal, o agente do Ministério Público fica com a dúvida se houve culpa exclusiva da vítima. Neste caso, a denúncia será oferecida. A instrução criminal que se segue, com o exercício do contraditório e demais elementos probatórios colhidos, se encarregará de dissipar a dúvida. Se persistir a dúvida, aplicar-se-á no final do processo o princípio do *in dubio pro reo.*

Se, por outro lado, inexistirem indícios suficientes de autoria, ou se inexiste a prova material, ou se o indiciado agiu claramente sob alguma excludente de ilicitude (estado de necessidade, exercício regular de um direito, estrito cumprimento do dever legal ou em legítima defesa) o agente do Ministério Público requererá o arquivamento do inquérito.

É preciso ressaltar, até para melhor assimilação de quem não é operador do direito, ou mesmo sendo não atua diretamente nas lides forenses, que o fato de o Ministério Público ser o detentor da *opinio delicti,* não o torna livre para o exercício arbitrário de sua missão.

Há um sistema de contenção — pesos e contrapesos legais — que impede eventual desmando funcional dos agentes do Ministério Público e do Judiciário.

Primeiramente, o seu preparo técnico, aferido em concurso público, o torna apto para fazer um juízo de valor correto do ponto de vista legal. Em outras palavras, o agente certamente tem o conhecimento técnico-jurídico para bem avaliar se determinada conduta caracteriza ou não delito criminal.

Segundo, se mesmo tendo capacidade técnica, o agente vier a cometer um deslize, ou interpretação completamente desprezível pela doutrina ou jurisprudência aplicável, ou mesmo eventualmente impelido por motivos nada republicanos, vier a agir de forma açodada ou precipitada, o juiz poderá não receber a denúncia.

Receber a denúncia significa dizer que o juiz, mediante a decisão interlocutória,[38] acolhe a peça inicial acusatória. Mas o juiz não será aqui o soberano com a palavra final. Poderá o Ministério Público recorrer dessa decisão para o tribunal superior.

Terceiro, se ao contrário, o Ministério Público, por seu agente, requerer o arquivamento do inquérito policial o juiz poderá, caso ache improcedente a motivação, remeter os autos para o procurador-geral de Justiça. Este, por sua vez, poderá designar outro membro do Ministério Público para oferecer a respectiva denúncia ou insistir no arquivamento, ao qual só então o juiz ficará obrigado a obedecer.[39]

Se, por outro lado, o juiz recebe uma denúncia sem o mínimo indício de autoria ou sem qualquer prova da materialidade, o próprio advogado da parte poderá utilizar-se do meio processual adequado para debelar o constrangimento ilegal. Exceção feita aos casos em que, legalmente, é possível a

---

[38] Decisão incidental no processo; não é decisão final da ação.
[39] Art. 28 do Código de Processo Penal.

transação penal[40] ou nos casos em que há colaboração premiada[41]— hipóteses de mitigação do princípio da obrigatoriedade — o agente do Ministério Público, ao analisar os elementos probatórios do inquérito policial, não tem o livre arbítrio para deixar de mover a ação penal. Se existirem indícios suficientes de autoria e prova da existência do fato tido como crime (fato típico e antijurídico) e não ficar seguramente evidenciada eventual excludente de ilicitude, ele é obrigado oferecer a denúncia. De igual forma, existindo pluralidade de indiciados, e havendo elementos suficientes que indiquem a prática delituosa, não pode o agente escolher este ou aquele e deixar de incluir um ou outro (princípio da indivisibilidade).

Isso parece óbvio, mas é sempre bom salientar que não é incomum ouvir-se observações críticas desprovidas de qualquer razoabilidade.

Também em defesa do interesse da sociedade, vige o princípio da indisponibilidade. Uma vez instaurada a ação, não pode o agente dela desistir. Acrescente-se, ainda, como orientação importante, que o Ministério Público não fica adstrito ao inquérito policial para oferecimento de denúncia. Se eventualmente receber representação de qualquer cidadão, ou parte interessada, ou mesmo, por exemplo, receber cópia de um procedimento disciplinar administrativo, e havendo elementos

---

40 BRASIL. *Lei n. 9.099, de 26 de setembro de 1995*. Dispõe sobre os Juizados Especiais Cíveis e Criminais e dá outras providências.

41 BRASIL. *Lei n. 12.850, de 2 de agosto de 2013*. Define organização criminosa e dispõe sobre a investigação criminal, os meios de obtenção da prova, infrações penais correlatas e o procedimento criminal; altera o Decreto-Lei n. 2.848, de 7 de dezembro de 1940 (Código Penal); revoga a Lei n. 9.034, de 3 de maio de 1995; e dá outras providências.

probatórios suficientes, o agente poderá formular a respectiva denúncia.

Ademais, o Ministério Público, como detentor legítimo da *opinio delicti,* não fica vinculado às convicções do delegado que preside o inquérito policial. Pode ocorrer que, em determinadas situações, o agente ministerial inclua na denúncia pessoa não indiciada no inquérito policial e, também venha a excluir alguém que era objeto de indiciamento policial. Tal raciocínio é também válido para fatos tidos ou não tidos como ilícito no relatório policial.

O enquadramento penal será feito pelo agente do Ministério Público, no oferecimento da denúncia. Porém, por ocasião do julgamento, o juiz não fica vinculado à tipificação feita, podendo fazer outro enquadramento na sentença. Não há, neste aspecto, nenhum prejuízo ao réu, já que ele responde pelos fatos ilícitos, independentemente da tipificação adequada formulada na denúncia.

Ainda, para demonstrar que todo o sistema de persecução penal ostenta garantias em prol da sociedade e também em benefício do réu — cuja finalidade essencial é alcançar a justiça — é importante destacar que, transcorrida a instrução criminal, o próprio Ministério Público pode pedir a absolvição. E isso efetivamente ocorre na prática. Não são poucos os pedidos nesse sentido, especialmente porque, nesta fase, é aplicável o princípio do *in dubio pro reo.* Mas, como outro contrapeso, é preciso realçar que o juiz também não fica vinculado ao pedido de absolvição oriunda do agente acusador.

Assim, pela contextualização feita, resulta claro que o exercício funcional do órgão acusador, do juiz e da própria polícia, não consiste numa atividade aberta, desenfreada, sujeita livremente a preferências pessoais. Submete-se, isto sim, a uma série de premissas e ordens de contenção, tudo para evitar eventuais perseguições, retaliações e até mesmo para impedir ocasionais erros de julgamento.

Como já se disse na doutrina, o Ministério Público é, paradoxalmente, parte imparcial. Só tem compromisso com o que é justo e legal. Mesmo quando atua como agente autor da demanda — como é o caso da ação penal — não deve descurar de sua concomitante função de fiscal da lei. É incompatível com o exercício da função o uso de chicanas e procedimentos rasteiros que possam comprometer a busca da justiça!

Acentue-se, ainda, que, na sua genuína função de perseguir o que é justo e legal, ao Ministério Público incumbe também promover e fiscalizar a execução da pena. Neste particular aspecto, aflora a sua missão de promover a defesa de interesses individuais indisponíveis, já que está sempre em jogo a liberdade.

Assim, se de um lado os agentes do Ministério Público devem ser combativos na persecução penal, de outro, não menos diligentes devem ser no sentido de zelar pelo escorreito cumprimento da pena, seja para impedir benesses, seja para impedir abusos, seja para promover medidas para a concessão de benefícios legais.

Sua atuação é ampla. A missão institucional não se encerra com a conclusão da ação penal e sua correspondente imposição da sanção.

Assim, na fase da execução da pena, seja por iniciativa própria ou nos procedimentos provocados pela parte, o Ministério Público atua, por exemplo, nos casos de revogação, progressão ou regressão de regime, suspensão condicional da pena, cumprimento das penas restritivas de direito, medidas de segurança, cessação da periculosidade, indulto, remição da pena, inclusive utilizando-se do poder recursal.

Deixe-se claro que no âmbito da execução da pena, inclusive por iniciativa própria, o Ministério Público pode requerer a concessão de benefícios aos apenados. Essa faceta evidencia também, dentre outros tantos fundamentos, que se está diante de uma instituição, cujas atribuições repelem triviais e maldosas insinuações tendentes a colocar seus agentes como "acusadores implacáveis".

A atuação do advogado de defesa (incluindo a Defensoria Pública), com as garantias e prerrogativas que ostenta, é também um mecanismo que inibe qualquer prática ilegal ou abusiva.

Voltando à questão da persecução penal, cabe acentuar que, na maioria dos casos, o agente do Ministério Público baseia-se no inquérito policial. A Polícia Judiciária, especialmente legitimada para tanto, tem as condições estruturais para a elucidação de crimes.

Mas o Ministério Público poderia, por conta própria, realizar investigações criminais? Depois de alguma celeuma, o STF, em 14 de maio de 2015, em decisão tomada por maioria,[42] com repercussão geral — que deve, pois, ser acatada pelas instâncias inferiores em casos idênticos — reconheceu que o Ministério Público tem competência constitucional para realizar investigações de natureza penal, de forma autônoma. Naquela decisão ficou assentado que:

---

42 Recurso Extraordinário sob n. 593727.

> O MP dispõe de competência para promover, por autoridade própria, e por prazo razoável, investigações de natureza penal, desde que respeitados os direitos e garantias que assistem a qualquer indiciado e qualquer pessoa sob investigação do Estado, observadas, sempre, por seus agentes, as hipóteses de reserva constitucional de jurisdição e, também, as prerrogativas profissionais de que se acham investidos, em nosso país, os advogados (lei 8906/94, artigo 7º, incisos I, II, III, XI, XIII, XIV e XIX), sem prejuízo da possibilidade - sempre presente no Estado Democrático de Direito - do permanente controle jurisdicional dos atos, necessariamente documentados (súmula vinculante 14), praticados pelos membros dessa instituição.

O procedimento para a investigação criminal, neste caso, foi devidamente disciplinado pelo Conselho Nacional do Ministério Público, já no ano de 2006.[43]

Assim, vencidas algumas resistências pontuais, ganhou o Ministério Público, e por consequência a sociedade. Isso se constitui em mais um instrumento para o combate à criminalidade.

Aliás, esse expediente já vinha sendo utilizado com excelentes resultados, acentuando-se a investigação para combate às organizações criminosas, à microcriminalidade, aos delitos de maior complexidade e praticados com métodos sofisticados, de relevância social, especialmente em que há indicativo de participação ou envolvimento de agentes públicos.

O que na prática ocorre é que, em determinadas situações, sobretudo naquelas em os supostos delinquentes ostentam

---

[43] Resolução n. 13 de 2006, alterada pela Resolução n. 111 de 2014.

poder econômico, social e político, é conveniente a iniciativa, ou participação, do Ministério Público porque, como já se disse, seus agentes agem protegidos pela independência funcional e pela garantia da inamovibilidade. Lamentavelmente, é preciso lembrar que, ainda que existam bons quadros técnicos da polícia, tais garantias não são estendidas às suas autoridades.

É evidente que o Ministério Público não tem tanta mobilidade para a apuração de crimes de campo, em que se faz necessário o preparo próprio do policial investigador. No entanto, de forma complementar, é preciso reconhecer que o agente ministerial pode oferecer melhor contribuição nos chamados crimes de colarinho branco, nos quais, além da utilização de métodos sofisticados, os subterfúgios jurídicos, as fraudes contratuais e documentais são praticadas com maior vigor. Aqui o conhecimento técnico mais apurado é tradicionalmente exigido com vigor dos que ingressam na carreira do Ministério Público, até porque é na instrução judicial que se trava maior debate técnico-jurídico.

É claro que num constante processo de aperfeiçoamento, os quadros técnicos da Polícia Judiciária — que na esfera federal ganharam recente destaque — poderão também melhorar ainda mais a qualificação técnica. É muito bom para a sociedade brasileira que isso ocorra.

A desejada atuação institucional republicana não é compatível com o corporativismo míope. Deve-se lançar os olhos para o horizonte e somar as forças.

Vale dizer que é salutar que cada órgão do Estado faça movimentos para o aperfeiçoamento institucional. O que não se pode é — a pretexto do aparelhamento jurídico de uma instituição — reduzir e enfraquecer outra já detentora de conhecimento e experiência em cada qual das áreas de atuação.

Em nada acrescenta eventual vaidade corporativa. A operação Lava Jato — que se revelou um paradigma auspicioso — está a evidenciar que a atuação articulada entre os órgãos, conjugando-se conhecimento e experiência, é decisiva para levar a bom termo uma investigação desse porte. Aqui, a correlação de forças entre a Polícia Federal, a Receita Federal e o Ministério Público, produziram resultados magníficos para o combate à corrupção.

Isoladamente, qualquer das corporações não levaria a bom termo a dura empreitada. Até mesmo a conjugação de forças — somada à prospectiva atuação do juiz Sérgio Moro — forma uma armadura única, muito mais resistente aos ataques dos investigados.

A Ministra Cármen Lúcia, ao reconhecer a competência do Ministério Público para promover investigações criminais disse, na oportunidade do seu voto, que "[...] a*s competências da polícia e do Ministério Público não são diferentes, mas complementares. Quanto mais as instituições atuarem em conjunto, tanto melhor*".

A sociedade percebeu os resultados práticos que advieram desse poder investigatório atribuído ao Ministério Público. A visibilidade e o respeito à instituição aumentaram exponencialmente. Porém, à medida que ganha maior visibilidade e respeito, aumenta gradativamente a cobrança para atuação de maior abrangência.

No cotidiano da imprensa, o Ministério Público pontifica como protagonista de inúmeras operações voltadas para o desbaratamento de sólidos esquemas criminosos, seja atuando de forma autônoma, seja atuando em conjunto com as demais forças de controle estatal.

Com a especial preocupação de aprimorar os mecanismos de combate às organizações criminosas, à microcriminalidade, aos delitos complexos e sofisticados, e de magna lesão social, os Ministérios Públicos dos Estados e da União, vêm criando, internamente, grupos especiais de atuação.

É o caso, por exemplo, do GAECO (Grupo de Atuação Especial no Combate ao Crime Organizado) e outros com nomenclaturas diferenciadas. Com peculiaridades próprias a cada unidade, há grupos cuja composição é multidisciplinar. No Ministério Público do Estado do Paraná, por exemplo, cada unidade do GAECO é constituída por promotores de justiça, delegado, policiais civis, policiais militares e auditor fiscal (ou auditores fiscais), cujo processo de seleção obedece a critérios diferenciados.

A soma do conhecimento e da experiência de cada profissional resulta em uma composição multidisciplinar fortalecida e tecnicamente eficaz na elucidação dos crimes organizados.

Em junho de 2016, ao final do Seminário Grandes Casos Criminais - "Experiência Italiana e Perspectivas no Brasil", promovido pelo Conselho Nacional do Ministério Público, restou formulada a Declaração de Brasília Contra a Corrupção. Especialmente, no seu item 8, constou o seguinte:

> Deve ser incentivada a constituição de forças-tarefas institucionais e interinstitucionais e a criação de equipes conjuntas de investigação (*joint investigative teams*), de forma a permitir o intercâmbio de informações processuais e de segurança pública entre órgãos de persecução criminal e agências de inteligência.

Aliás, esse modelo de integração dos órgãos investigativos atende, inclusive, recomendação emanada da Convenção contra a Corrupção (2003) adotada pela ONU, devidamente ratificada pelo Brasil. Na verdade, recomenda-se mais: participação conjunta inclusive de organismos privados como instituições bancárias, especialmente para facilitar o fornecimento de dados.

Como é do conhecimento da sociedade, resultados significativos têm sido obtidos com tais empreitadas. Poderosas quadrilhas de sanguessugas do erário público foram e serão desmanteladas. Em suma, a participação de vários órgãos, numa operação integradora, é recomendação que se encontra em qualquer manual de combate ao crime organizado.

Num caso emblemático que ficou conhecido na imprensa como "Diários Secretos", por meio da atuação do GAECO do Ministério Público do Paraná, houve o desmantelamento de um poderoso esquema de malversação do dinheiro público, que se utilizava de servidores fantasmas.

Ao que se apurou na investigação iniciada no ano de 2010, entre os principais envolvidos estavam o então presidente da Assembleia Legislativa, o deputado que exercia o cargo de primeiro-secretário da Mesa, o diretor-geral da Assembleia Legislativa, além de tantos outros.

Ao que se tem de informação até o fechamento deste livro, é que além de outros denunciados envolvidos, o diretor-geral da Assembleia, depois de inúmeros incidentes processuais, chegou a ser condenado em um dos processos desmembrados. A sentença de primeiro grau condenou-o pela prática de peculato e lavagem de dinheiro, sendo-lhe cominada a pena total de

23 anos, 3 meses e 29 dias.[44] O desfecho processual pende de decisão em instância recursal.

Com relação aos parlamentares, ainda tramita ação de improbidade administrativa. Na esfera criminal, em que pontificam inúmeros incidentes processuais, apenas o ex-presidente da Assembleia responde ação junto ao Tribunal de Justiça, ainda em fase de instrução. Com relação ao parlamentar que exercia a função de primeiro secretário da Mesa, houve suspensão do procedimento investigatório, pendente de decisão recursal.

Mas, independentemente do destino final dos processos penais instaurados a propósito desse escândalo, importa considerar, neste passo, que a ação protagonizada por iniciativa do GAECO interrompeu um ciclo delinquencial que se prolongava no tempo e até então permanecia intocável. Sem dúvida, o protagonismo do GAECO teve um efeito transformador daquela realidade.

Houve significativa redução na folha de pagamento dos servidores da Assembleia (de 2.500 funcionários, na época, passou para 1.700, conforme listagem no final do ano de 2014). Houve a aprovação de uma lei estadual de transparência, exigindo-se a publicação das informações de todos os órgãos públicos no Diário Oficial e nos *sites* oficiais. Ocorreu também o fim dos supersalários, vez que, na época, alguns servidores ganhavam acima do teto. Houve, por outro lado, um maior controle nos

---

[44] Sentença prolatada em 14.11.2017, 9ª Vara Criminal do Foro Central da Comarca da Região Metropolitana de Curitiba (Autos sob n. 0021415-33.2010.8.16.0013 (2010.22187-3).

gastos. No período de 2011 a 2014, os parlamentares deixaram de gastar aproximadamente R$ 650 milhões.[45]

Para além dessa economia material — significativa para os cofres públicos — o ganho imaterial, cuja extensão é imensurável, foi disseminar a ideia no seio da sociedade, e especialmente entre os integrantes daquele poder, de que não haverá espaço público imune às ações investigativas.

O caso mais emblemático, no entanto, a recomendar a integração dos órgãos de controle da criminalidade, é o da Lava Jato. À força-tarefa criada pelo Ministério Público Federal, somou-se a Polícia Federal, também com equipe especialmente dedicada à Lava Jato, além da Receita Federal.

A conjugação da experiência desses órgãos é que possibilitou a desarticulação do maior esquema de corrupção de que se tem notícia, sobretudo porque envolveu agentes políticos flagrados numa promíscua relação com poderosos empresários, numa prática já há muito tempo arraigada no Brasil. O Ministro do STF Luís Roberto Barroso, em evento público realizado em 02.04.2018, chamou essa relação promíscua de "pacto oligárquico de saque ao Estado".[46]

---

45 GAZETA DO POVO. *Avançou, mas podia ser melhor.* [s.a.]. 14 mar. 2015. Disponível em: <https://www.gazetadopovo.com.br/vida-publica/avancou-mas-podia-ser-melhor-5wan1666rgpt71jaqcvkhn6mt/>.

46 Disponível em: <https://g1.globo.com/sp/sao-paulo/noticia/barroso-diz-que-brasil-viveu-pacto-oligarquico-para-saquear-o-estado.ghtml>. Acesso em: 30 set. 2018.

Até 30 de setembro de 2018, e tomando por base apenas a força-tarefa da Operação Lava Jato de Curitiba,[47] os crimes já denunciados na primeira instância envolvem o pagamento de propina de cerca de R$ 6,4 bilhões. Cerca de R$ 12,3 bilhões são alvo de recuperação por acordos de colaboração. Dessa cifra, R$ 846,2 milhões foram objeto de repatriação e R$ 3,2 bilhões em bens dos réus já bloqueados.

Há também, até o momento, 9 acusações por improbidade administrativa envolvendo 50 pessoas físicas, 16 empresas e um partido político, pedindo o pagamento de R$ 14,5 bilhões.

Já foram oferecidas na primeira instância 81 acusações criminais contra 346 pessoas (sem repetição de nome), sendo que em 45 já houve sentença pelos crimes de corrupção, crimes contra o sistema financeiro internacional, tráfico transnacional de drogas, formação de organização criminosa, lavagem de ativos, entre outros. Ao todo foram 211 condenações, envolvendo 139 condenados.

Até 30 de setembro de 2018, foram realizadas 962 buscas e apreensões, 222 conduções coercitivas, 115 prisões preventivas, 121 prisões temporárias e 6 prisões em flagrante.

Dentro da Operação Lava Jato também foram celebrados 176 acordos de colaboração premiada com pessoas físicas, 11 acordos de leniência com pessoas jurídicas e 1 Termo de Ajustamento de Conduta (TAC).

---

47 MINISTÉRIO PÚBLICO FEDERAL – MPF. *A Lava Jato em números no Paraná*. Disponível em: <http://www.mpf.mp.br/para-o-cidadao/caso-lava-jato/atuacao-na-1a-instancia/atuacao-na-1a-instancia/parana/resultado>. Acesso em: 30 set. 2018.

> Para o Procurador da República Deltan Dallagnol, coordenador da força-tarefa da Lava Jato do Ministério Público no Paraná (MPF-PR), o aniversário de três anos da operação é um momento de olhar para o passado e para o futuro:
> 'No passado, ficaram desafios superados por instituições que vêm se fortalecendo e romperam a impunidade dos círculos do poder político e econômico. No presente, temos em mãos o diagnóstico de uma corrupção que tem raízes em nossa história e cujos tentáculos abraçaram muitos órgãos públicos. No futuro, vemos algumas pedras no caminho, que a sociedade poderá nos ajudar a ultrapassar se queremos rumar para um país menos corrupto. O primeiro obstáculo é uma reação legislativa latente de políticos de peso para barrar as investigações. A segunda dificuldade é a armadilha de acreditar que a Lava Jato resolverá todos os problemas. Após três anos, é necessário que a população insista em iniciativas de renovação política e em reformas do sistema político e de justiça até que elas aconteçam', destacou o procurador.[48]

Segundo a própria divulgação da força-tarefa da Lava Jato, a cooperação internacional obtida se constituiu numa poderosa ferramenta para a elucidação dos crimes e, especialmente, para a repatriação de dinheiro desviado. Foram realizados 548 pedidos de cooperação, sendo 269 pedidos ativos para 45 países e 279 pedidos passivos referentes a 36 países.

[48] *Lava Jato recupera 10 bilhões em três anos*. [s.a.]. 20 mar. 2017. Disponível em: <http://www.revistavoto.com.br/lava-jato-completa-tres-anos-com-mais-de-180-pedidos-de-cooperacao-internacional/>. Acesso em: maio 2018.

Cabe destacar que paralelamente a eventuais críticas sobre a Lava Jato, a força-tarefa do Ministério Público Federal recebeu o prêmio anticorrupção de 2016, cuja honraria foi formalmente concedida pela ONG Transparência Internacional, no dia 3 de dezembro de 2016, durante a Conferência Internacional Contra a Corrupção (IACC), realizada no Panamá.[49] Na ocasião estiveram presentes os procuradores integrantes da força-tarefa, liderados por seu coordenador Deltan Dallagnol.

O que pouca gente sabe ou não lembra é que, no ano de 2001, honraria semelhante já fora concedida pela Transparência Internacional aos promotores de justiça de Londrina, integrantes de uma força-tarefa, em conjunto com o Movimento pela Moralidade, formada pela sociedade civil organizada local, em razão de sua destacada atuação no desbaratamento de forte esquema de corrupção envolvendo agentes públicos, políticos e empresários, conforme será adiante rememorado.

Evidentemente não foi só a força-tarefa do Ministério Público que obteve o reconhecimento público. O Juiz Sérgio Moro foi alvo de incontáveis homenagens concedidas dentro e fora do país. Cita-se aqui, como ilustração relevante, o título *Doctor Laws Honoris Causa*, honraria que lhe foi concedida pela Universidade Notre Dame, dos Estados Unidos, no dia 20 de maio de 2018.

---

[49] LEITÃO, Matheus. *Lava-Jato ganha prêmio da Transparência Internacional.* 03 de dezembro de 2016. Disponível em: <http://g1.globo.com/politica/blog/matheus-leitao/post/lava-jato-ganha-premio-anti-corrupcao-da-transparencia-internacional.html>. Acesso em: 15 maio 2017.

Para se ter uma ideia da importância desta honraria, é oportuno lembrar que tal prêmio foi concedido à Madre Tereza de Calcutá, ao ex-Presidente do Estados Unidos Jimmy Carter e a John Hume, agraciado com o Nobel da Paz em 1998.

A Polícia Federal também teve significativo reconhecimento público. Talvez o maior prêmio tenha sido concedido durante o desfile do dia 7 de setembro de 2017, em Brasília, quando a corporação foi ardentemente ovacionada pelos espectadores. Segundo relato da imprensa a manifestação foi de arrepiar.

Dessa atuação prospectiva na Operação Lava Jato, que ainda não foi encerrada, além dos resultados materiais, a exemplo de valores já repatriados e outros valores já restituídos em razão dos acordos de colaboração premiada, resultaram outros valores imateriais em benefício da sociedade brasileira.

A atuação do Ministério Público Federal, conjugada com a Polícia Federal e Receita Federal, permitiu que alvos outrora praticamente intocáveis fossem agora atingidos. Renomados agentes políticos e empresários poderosos foram presos, desfazendo, pelo menos em parte, a tradicional noção de que tais segmentos eram inalcançáveis pela Justiça.

A desarticulação desse vergonhoso "pacto oligárquico de saque ao Estado" — esquema de corrupção que sugava impiedosamente os cofres públicos — além é claro de propiciar uma economia incalculável, aponta para a necessidade de reajustes na forma de financiamento de campanhas políticas.

As sanções penais e de improbidade decorrentes da Operação Lava Jato, sem dúvida, na esfera preventiva, atuarão como força inibitória, desencorajando empreitadas criminosas.

Pelo que se detectou na Lava Jato, o Estado estava sendo capturado pelo poder econômico. A democracia estava na verdade sendo mutilada, destroçada, de modo que a soberania do voto não representava nada mais do que uma figura de retórica nos discursos políticos dissimulados.

A Operação, como instrumento de transformação social, há de fomentar novos hábitos políticos, afastando os agentes das promíscuas relações até então detectadas e propiciando, consequentemente, um novo arejamento democrático, quiçá com ambiente adequado para disputas eleitorais sem abuso do poder econômico, ou seja, sem aluguel de partidos, sem venda do voto parlamentar, sem venda de horário na mídia, sem propaganda massiva e desigual, e sem, afinal, compra de cabos eleitorais e do próprio voto (alienação da cidadania), e da vilania na compra e venda do voto parlamentar.

O terreno foi preparado. Algumas ervas daninhas foram obstruídas, o clima favorece, o adubo está disponível. Espera-se que os agentes políticos, inspirados pelo espírito de estadistas, não desperdicem a oportunidade do replantio. No âmbito empresarial, a par de constranger algumas empresas atingidas pelas investigações a pedir desculpas ao povo brasileiro, a desarticulação do esquema vem promovendo uma mudança de cultura para o relacionamento com o poder público. Algumas entidades passaram já a se reorganizar estabelecendo novo modo operacional, especialmente criando normas de conduta ética para melhor cumprir as leis e os regulamentos (*compliance*[50]).

---

[50] Tem origem no verbo da língua inglesa *to comply* que significa agir de acordo com uma regra, uma instrução interna, um comando um pedido. Fonte: <https://pt.wikipedia.org/wiki/Compliance>. Acesso em: 15 jun. 2017.

A Lava Jato, sem dúvida, já entrou para a história como operação de maior visibilidade, inclusive com repercussão internacional. No entanto, tantas outras operações já foram desencadeadas num passado não tão distante, tendo como protagonista o Ministério Público. Já no ano de 2004, em nota divulgada pela Associação Nacional do Ministério Público (CONAMP), a propósito de ataque feito pelo então ministro da Casa Civil, foram citados, a título de ilustração, os seguintes casos de repercussão nacional: desvio de verba na construção do TRT de São Paulo; "Máfia da Previdência"; "Escândalo do Propinoduto" no Rio de Janeiro; "Operação Anaconda" em São Paulo e "Máfia dos Combustíveis" em Minas Gerais.[51]

## Controle externo da polícia

Na prática, nesse sistema interno de pesos e contrapesos — um órgão controlando o outro — que permeia toda a Justiça, englobando Judiciário, Ministério Público e Polícia Judiciária, ou mesmo a Polícia Militar, o Ministério Público já exercia, ainda que de forma precária, o controle externo de atos ligados à persecução penal ou à segurança pública.

Especialmente, como o destinatário primeiro do inquérito policial e, na condição de detentor da *opinio delicti*, ao examinar as peças da investigação, podia exercer o controle externo indireto da Polícia Judiciária. Até mesmo com a prerrogativa de fazer inspeções na cadeia pública, esse controle era realizado.

---

[51] CABRAL NETTO, J. *Associação Nacional dos Membros do Ministério Público* - Uma História Sem Fim. Porto Alegre: Magister, 2009, p. 299-300.

Todavia, agora essa função fiscalizatória passou a constar como dever funcional na Constituição. É bom registrar, com toda ênfase, que se trata de controle externo da atividade policial. Não há sobreposição hierárquica do Ministério Público sobre a Polícia.

O Conselho Nacional do Ministério Público (CNMP) já regulamentou o controle externo da polícia.[52]

Na respectiva Resolução estão elencados os objetivos de tal controle. Na essência, esse controle externo tem por objetivo assegurar a obediência a valores sociais relevantes tais como: preservação da ordem pública; prevenção da criminalidade; celeridade, aperfeiçoamento e indisponibilidade da persecução criminal; contenção de práticas ilegais ou abuso de poder; probidade no exercício da função investigativa.

Assim, e nesse quadrante, os membros do Ministério Público têm a incumbência de exercer o controle de forma difusa, ao atuar nos procedimentos criminais regulares, e, de forma direta, de conformidade com os regramentos estabelecidos no âmbito de cada Ministério Público, como, por exemplo, vistorias ordinárias e extraordinárias nas repartições policiais; exame de autos de prisão em flagrante, ou quaisquer outros documentos relacionados com a persecução penal; fiscalizar a destinação de armas, valores, substâncias entorpecentes, veículos e objetos apreendidos; fiscalizar o cumprimento dos mandados de prisão, das requisições e demais medidas

---

[52] BRASIL· *Resolução n. 20, de 28 de maio de 2007.* Regulamenta o art. 9º da Lei Complementar n. 75, de 20 de maio de 1993 e o art. 80 da Lei n. 8.625, de 12 de fevereiro de 1993, disciplinando, no âmbito do Ministério Público, o controle externo da atividade policial.

determinadas pelo Ministério Público e pelo Poder Judiciário, inclusive no que se refere aos prazos; expedir recomendações, visando melhorar os serviços policiais, bem como o respeito aos interesses, direitos e bens cuja defesa seja de responsabilidade do Ministério Público.

Evidentemente, como já decorre da própria Lei Orgânica Nacional,[53] a própria Resolução do Conselho Nacional do Ministério Público estabelece que, para dar cabo dessa tarefa institucional, os agentes do Ministério Público, no exercício funcional desse controle externo, devem ter livre ingresso em estabelecimentos ou unidades policiais, civis ou aquartelamentos militares, inclusive polícia técnica, bem como em casas prisionais, cadeias públicas ou quaisquer outros estabelecimentos onde se encontrem pessoas custodiadas, detidas ou presas, a qualquer título, podendo examinar, no âmbito da persecução penal, quaisquer documentos ou relatórios.

## Ação civil pública e a defesa dos interesses transindividuais

Já se disse linhas atrás que, através da promulgação da ação civil pública, ao Ministério Público foi conferida a legitimidade, não exclusiva, para propor ação civil pública de responsabilidade por danos ao meio ambiente, ao consumidor, a bens e direitos de valor artístico, estético, histórico, turístico e paisagístico, à ordem urbanística, por infração à ordem econômica e à economia popular.

---

53 BRASIL. *Lei n. 8.625, de 12 de fevereiro de 1993.* Institui a Lei Orgânica do Ministério Público, dispõe sobre as normais gerais para a organização do Ministério Público dos Estados e dá outras providências.

Como valioso mecanismo instrutório de eventuais ações civis públicas, essa lei estabeleceu a faculdade de o Ministério Público instaurar, sob sua presidência, inquérito civil público além do poder de requisitar quaisquer documentos, certidões, perícias, informações, junto a órgãos públicos e particulares.

Esta lei se constituiu num dos mais celebrados instrumentos legais após o restabelecimento da democracia no Brasil. Foi, sem dúvida, um marco legal de elevado *status* civilizatório, inclusive como mecanismo de acesso à Justiça e de inclusão social, na medida em que os efeitos de uma sentença em ação civil pública atingem interesses metaindividuais e podem trazer benefícios a segmentos com alguma forma de hipossuficiência, como é o caso, por exemplo, da criança e dos portadores de deficiências, eventualmente à margem dos direitos fundamentais.

Mas, agora, a incumbência temática, com a prerrogativa de manejar a ação civil pública, ganhou estatura de ordem constitucional, e foi ampliada, abarcando a defesa do patrimônio público e social, e outros interesses coletivos e difusos.

Gradativamente, a sociedade brasileira — não com a celeridade desejada, mas ainda inspirada no arejamento democrático — foi sendo agraciada com uma legislação infraconstitucional, cujo objetivo era propiciar o fundamento formal e prático para dar concretude ao comando da Constituição dita Cidadã.

Assim aconteceu, dentre outros, com o Código do Consumidor, o Estatuto da Criança e do Adolescente, Estatuto do Idoso, Lei da Improbidade Administrativa, Lei de Proteção aos Portadores de Deficiência.

Em praticamente toda a legislação subsequente, o Ministério Público — já melhor assimilado como legítimo defensor dos valores supremos da sociedade — recebeu incumbências próprias para um órgão que, num plano diferenciado, deve operar no sentido de buscar a efetividade dos direitos formalmente consagrados, num plano diferenciado.

Com o manejo do inquérito civil, destinado à coleta de elementos probatórios de violação a direitos sociais — prerrogativa institucional exclusiva — o Ministério Público passou a ter uma experiência prática para a condensação da prova indiciária e os comuns subterfúgios para sua dissimulação e supressão.

Paralelamente, por meio do inquérito civil instaurado, abria-se outro canal de coleta de provas para o exercício de sua função na área criminal. Via de regra, ao colher dados e documentos acerca de determinados atos de corrupção, por exemplo, a investigação pode reunir um manancial de elementos informativos suficientes para dar suporte a uma denúncia penal.

Outro importante mecanismo de atuação veio com o Código de Defesa do Consumidor, que determinou um acréscimo na lei da ação civil pública,[54] estabelecendo que o Ministério Público — dentre outros órgãos públicos legitimados para o ajuizamento da ação civil pública — tem a faculdade de firmar termo de ajustamento de conduta (TAC) com as entidades, públicas ou privadas, que violarem direitos socialmente relevantes.

Em tais termos, que têm valor de título executivo extrajudicial, podem ser fixadas as formas de reparação do dano e medidas para fazer cessar a ilegalidade apurada. Não elimina, no

---

[54] Acrescentou o parágrafo 6º ao artigo 5º da Lei n. 7.347, de 24 de julho de 1985. O Termo de Ajustamento de conduta já tinha sido contemplado no art. 211 do Estatuto da Criança e do Adolescente.

entanto, a sujeição do infrator às sanções legais aplicáveis em cada caso concreto.

Trata-se de medida resolutiva negocial de conflitos, que evita o ajuizamento de ações civis públicas com os entraves e inegável desgaste para ambas as partes, e, em consequência, traz resultados práticos com maior celeridade. O próprio Conselho Nacional do Ministério Público baixou uma resolução instituindo uma política nacional de incentivo à autocomposição no âmbito da Instituição.[55]

À medida que o Ministério Público, manejando o inquérito civil e a ação civil pública nesta seara, obteve a credibilidade e respeitabilidade por suas ações, as entidades eventualmente flagradas passaram, gradativamente, a demonstrar maior disposição em firmar termos de ajustamento de conduta (TACs).

Assim, não é incomum que, instaurado o inquérito civil, ou até mesmo diante de ofício solicitando explicações sobre determinada prática, tida em tese como afronta à legalidade, o próprio notificado apresenta-se com a disposição de resolver a questão extrajudicialmente.

Mas, no âmbito temático — e aqui se faz uma ilustração emblemática — a função que aumentou a temperatura no combate à corrupção, foi a consignação expressa, na Constituição de 1988, de que cabe também ao Ministério Público a defesa do patrimônio público.[56]

---

55 BRASIL. *Resolução n. 118, de 1 de dezembro de 2014*. Dispõe sobre a Política Nacional de Incentivo à Autocomposição no âmbito do Ministério Público e dá outras providências.

56 Artigo 129, inciso III da Constituição Federal de 1988.

A partir desse novo comando, e com a Lei de Improbidade Administrativa[57] — que será adiante abordada em tópico próprio — passou o Ministério Público a ser o grande protagonista no combate à corrupção. Se antes, com a lei da ação civil pública de 1985, o Ministério Público já se destacava, sobretudo na defesa do meio ambiente e do consumidor, afrontando interesses de segmentos econômicos e politicamente influentes, com o manejo da ação civil pública por improbidade administrativa novos alvos proeminentes passaram a ser alcançados.

Em todo o Brasil, pontificaram as ações de improbidade contra agentes públicos que, acostumados a desviar o dinheiro público, eram dantes muito pouco fiscalizados.

A ação por improbidade administrativa passou a ser um poderoso instrumento de controle externo da gestão pública. Até então, como mecanismo de controle e repressão, havia em nosso ordenamento jurídico a ação popular, com a legitimidade conferida ao cidadão, e a Lei n. 1.079/50, que dispunha sobre crimes de responsabilidade praticados pelo presidente da República e seus ministros, ministros do Supremo Tribunal Federal, procurador-geral da República, governadores e secretários de Estado, e o famoso Decreto-Lei 201/67, que dispunha sobre os crimes de responsabilidade de prefeito e vereadores.

Lamentavelmente, apesar desses instrumentos legais, historicamente muito pouco se fez no combate à corrupção. A ação popular, por exemplo, não raro era usada com instrumento de

---

[57] BRASIL. *Lei n. 8429, de 2 de junho de 1992.* Dispõe sobre as sanções aplicáveis aos agentes públicos nos casos de enriquecimento ilícito no exercício de mandato, cargo, emprego ou função na administração pública direta, indireta ou fundacional e dá outras providências.

vingança e retaliação política. Os operadores do direito de mais antiga labuta sabem que, em muitas ocasiões, o coronel político utilizava-se de um "laranja" que, na condição de pleno exercício da cidadania, se prestava a ser o autor da demanda. E, logo mais, na sequência, abandonava-a.

Neste caso, por dispositivo legal permissivo, cabia ao agente do Ministério Público dar sequência à ação. Todavia, sem a prévia instrução documental e testemunhal idônea, via de regra, tais ações caminhavam para a improcedência, por falta de prova suficiente.

Nos crimes de responsabilidade, seja na esfera municipal, estadual ou federal, o sistema de controle ressentia-se de um melhor aparelhamento dos órgãos de persecução penal para o adequado enfrentamento.

O Ministério Público de outrora — como se delineou nas páginas iniciais — não dispunha nem de mecanismos processuais adequados e nem mesmo tinha as garantias necessárias para sua atuação independente.

De igual forma, infelizmente, os órgãos repressivos policiais, também sem dispor, ao menos, da garantia da inamovibilidade, apresentavam-se sem desenvoltura plena para instruir adequadamente inquérito policial contra políticos eticamente devassos.

No âmbito federal, a responsabilização de agentes públicos, não obstante o melhor preparo da Polícia Federal, também não apresentava resultados satisfatórios em razão, sobretudo, de uma máquina administrativa viciada pela imposição do mando oligárquico.

Enfim, até então, os parcos resultados no combate à corrupção eram obtidos graças à luta isolada de alguns agentes que arriscavam seus cargos para levar adiante a ingente tarefa.

A legislação e os métodos de apuração espelhavam ainda a situação social, econômica e política, da metade do século passado. Era preciso revirar essa página. Houve sim muita mudança que melhorou o aparato fiscalizatório e repressivo. Mas muitos — e aqui entram políticos e juristas que ainda persistem em aplicar a fossilizada legislação — relutam em acolher a Lei de Improbidade Administrativa. Não foram poucas as tentativas de fragilizá-la. Alterações para melhorar sua aplicação é aceitável. Certamente, os estadistas do país haverão de preservar a sua essência.

Gradativamente, com essa experiência e a crescente demanda, o Ministério Público viu-se compelido a criar mecanismos de aperfeiçoamento. Nesse rumo, foi surgindo a necessidade de criação das promotorias e procuradorias especiais, sobretudo para atender as áreas mais agudas. São exemplos: promotoria de defesa do consumidor, promotoria de defesa da criança e da juventude, promotoria de defesa do meio ambiente, promotoria de defesa do patrimônio público, e assim por diante.

Concomitantemente, houve a necessidade de criação de centros de apoios especializados para dar suporte à multifacetada atuação, seja no âmbito jurídico ou até mesmo no âmbito de outras disciplinas. Neste particular aspecto, no rumo do aprimoramento funcional, mais recentemente o Ministério Público do Paraná criou, por exemplo, o Centro de Apoio Técnico à Execução, congregando o Núcleo de Inteligência e o Núcleo de Apoio Técnico Especializado.

Assim, paulatinamente, a instituição ganhou maior desenvoltura do que antes. O Ministério Público começava então a atingir alvos nunca dantes visitados, o que, a princípio, causou maior perplexidade do que ocorrera sob vigência da lei específica da ação civil pública de 1985.

A visibilidade institucional aumentou ainda mais. Porém, aumentaram as demandas. Muito embora outros legitimados possam manejar a ação civil pública para proteção de direitos transindividuais, tal como previsto na lei própria, a operosidade — aliada à capacidade técnica dos seus agentes — acabou por colocar o Ministério Público na liderança em termos de iniciativa e êxito.

Algumas associações e entidades legitimadas, ao invés de encetarem as ações judiciais, preferem fazer representações ao Ministério Público, municiando-o com os elementos fáticos e legais que, por sua natureza, servem de substrato para a propositura de ações civis públicas.

Em decorrência desse novo paradigma de atuação institucional, houve um acentuado processo de interação entre a sociedade civil organizada e o Ministério Público. Ao agrupar forças interativas sociais, houve um gradual fomento para o enfrentamento de demandas, tradicionalmente obstaculizadas pelos detentores do poder político, econômico e social.

Os agentes do Ministério Público, outrora apenas concentrados nos processos em seus gabinetes e tradicionalmente conhecidos por sua atuação na esfera criminal, agora estão presentes nas reuniões dos conselhos temáticos, com associações protetivas de vários segmentos, com representantes de órgãos públicos, em palestras, em escolas, igrejas e na comunidade.

Num primeiro momento, assim que a ação civil pública passou a ser um poderoso instrumento na defesa de questões de grande repercussão, até mesmo alguns setores do Judiciário ficaram perplexos e titubeantes. Era uma visão processual inovadora e, como tal provocava resistências e reflexões, a ponto de mitigar a legitimidade do Ministério Público.

Mas, superada essa fase, o Judiciário, sob a luz de doutrinadores de vanguarda e da natural maturação do novo instrumento processual, melhor assimilou o alcance social das demandas e os resultados práticos ganharam relevo significativo.

Hoje, graças à legislação que se consolidou no rumo da resolução de magnos conflitos de interesse social, cresceu também o Judiciário em respeitabilidade. Na área cível, passaram a pontificar decisões de enorme repercussão socioeconômica. Em matéria de improbidade administrativa, decisões paradigmáticas serviram para punir os detratores da moralidade administrativa, propiciando o ressarcimento de vultosas quantias desviadas dos cofres públicos.

Toda essa interação seja judicial ou extrajudicial, tem colocado o Ministério Público como um dos principais atores na construção de uma nova realidade social. Por outro lado, cada vez mais se exige deste órgão. Por isso, para dar maior efetividade na execução de suas ações, o Ministério Público, de um modo geral, vem se preocupando em instituir planejamentos estratégicos nas diversas áreas de atuação.

No ano de 2004, o Ibope, a pedido da Associação Nacional dos Membros do Ministério Público, fez uma sondagem de opinião pública sobre as instituições brasileiras. Segundo a pesquisa, o Ministério Público, em termos de credibilidade, ficou em quarto lugar (58%), ficando atrás da imprensa (72%) forças armadas (73%) e Igreja Católica (74%). A impressão que se tem é que, depois da Lava Jato, a percepção do Ministério Público, como ator de magna importância no contexto civilizatório, deve ter sido aumentada significativamente.

## *Ombudsman* (defensor do povo)

Na execução de suas atividades próprias, a Administração Pública tem o dever de obediência aos ditames legais, seja genericamente em relação aos seus administrados seja em sua relação contratual com terceiros, seja em relação aos seus servidores.

A sujeição ao ordenamento jurídico não fica restrita tão somente às leis, em seu sentido material, mas também aos princípios insertos explicita e implicitamente na Constituição, a saber: moralidade, impessoalidade, imparcialidade, razoabilidade, proporcionalidade, publicidade, eficiência, economicidade.

No entanto, não poucas vezes administradores excedem, culposa ou dolosamente ou até por desconhecimento, os limites fixados pelas regras e princípios administrativos, em prejuízo de seus administrados, de seus servidores e do próprio erário.

Durante os trabalhos da comissão constituinte muito se discutiu no sentido de ampliar o sistema de controle da Administração Pública. Uma das ideias era criar um novo órgão, com independência de ação, que pudesse garantir efetivamente os direitos dos administrados e impedir ações ilícitas e arbitrárias. O objetivo primordial era assegurar que os direitos, formalmente contemplados no ordenamento jurídico, não ficassem como um simples aceno retórico.

Aventou-se criar um órgão assemelhado ao *ombudsman*, uma espécie de "defensor do povo", nos moldes utilizados em países escandinavos. Esse mecanismo irradiou-se para outros países, onde a especialidade seria tratada como *provedor da justiça* em Portugal, *defensore cívico* na Itália, *mediateur* na França e *defensor del pueblo* na Espanha.[58]

Tomando como exemplo a Suécia — que seria o berço do *ombudsman* — tem-se que sua atuação é voltada para a "proteção dos direitos fundamentais e da legalidade, controlando o *ombudsman* os serviços públicos e seus agentes (salvo Ministros de Estado, da Corte Suprema e do Conselho de Estado), mas não impõe sanções, nem toma ou modifica decisões e julgamentos".[59]

Depois de intensos debates, e sensibilizados pela convincente mobilização do Ministério Público em todos os quadrantes do país — capitaneados pela decisiva e prospectiva atuação da Associação Nacional dos Membros do Ministério Público (CONAMP) — os constituintes delegaram ao Ministério Público a incumbência de exercer as atribuições assemelhadas.

Dentre tantas justificativas plausíveis, a CONAMP demonstrou aos parlamentares que o Ministério Público, com a organicidade e atribuições que lhe foram conferidas pela Lei Complementar 40/1981, com a emblemática incumbência

---

58 GARCIA, Emerson. *Ministério Público: Organização, Atribuições e Regime Jurídico*. Rio de Janeiro: Lumen Juris, 2004, p. 330.

59 MARTINS JUNIOR, Wallace Paiva. *Controle da Administração Pública pelo Ministério Público* (Ministério Público Defensor do Povo). São Paulo: Juarez de Oliveira, 2002, p. 84.

que lhe fora conferida pela lei da ação civil pública, em 1985, e com sua histórica e natural vocação para a defesa dos direitos dos cidadãos e dos relevantes valores sociais, já vinha desempenhando essa importante missão por meio de milhares de agentes ministeriais com atuação nas unidades distribuídas por todo o território nacional. Era, pois, desnecessário criar um novo organismo.

Argumentava ainda a CONAMP que, pelo acréscimo do instrumental jurídico que já se desenhava — e que já tinha obtido certo consenso entre os constituintes — a instituição estaria mais bem preparada para a fiscalização e repressão, tanto na esfera extrajudicial como judicial.

Assim, como resultado desse embate, inseriu-se no capítulo reservado ao Ministério Público, o dever de "zelar pelo efetivo respeito dos Poderes Públicos e dos serviços de relevância pública aos direitos assegurados nesta Constituição, promovendo as medidas necessárias".[60]

Amparada por esse comando constitucional expresso, a atuação da instituição, que era até então marcada muito mais pelo voluntarismo dos agentes, do que pelo instrumental jurídico, os resultados práticos começaram a surgir exponencialmente, atingindo patamares acima da esfera do poder de mobilização própria do tradicional *ombudsman*.

O Ministério Público surgia então mais fortalecido, e dispunha da ação civil pública, do inquérito civil, do termo de ajustamento de conduta e também das recomendações, e outros expedientes, como se verá nas linhas seguintes.

---

60 Artigo 129, inciso II, da Constituição Federal de 1988.

Incontáveis ações judiciais e extrajudiciais pontificaram nesse sentido. Isto resultou em incomensurável ganho cívico. O controle da Administração Pública era agora exercido por um ator qualificado e independente, apto a superar eventual deficiência dos tradicionais meios de controle (administrativo interno, legislativo, incluído o Tribunal de Contas).

## Ação de inconstitucionalidade e representação para fins de intervenção da União e dos Estados

Em perfeita consonância com a magna atribuição de defender a ordem jurídica, a Constituição de 1988 estabeleceu que ao Ministério Público, dentre outros legitimados,[61] cabe também promover ação de inconstitucionalidade.[62]

No âmbito da legislação federal, a ação direta de constitucionalidade e a ação declaratória de constitucionalidade, perante o Supremo Tribunal Federal, será proposta pelo procurador-geral da República. Nos casos de leis e atos normativos estaduais ou municipais, eventuais inconstitucionalidades serão impugnadas pelo procurador-geral de Justiça do respectivo Estado.[63]

Sem dúvida, tal prerrogativa se constitui também num poderoso instrumento legal de controle da constitucionalidade, à disposição do Ministério Público, que tem a importante tarefa de zelar pela ordem jurídica. Serve igualmente para coibir

---

[61] Art. 103, da Constituição Federal de 1988.

[62] Art. 129, inciso IV da Constituição Federal de 1988. O respectivo procedimento foi disciplinado pela Lei Federal n. 9.968, de 10 de maio de 2000.

[63] Art. 29, inciso I, da Lei n. 8.625, de 12 de fevereiro de 1993.

eventuais "abusos legislativos", que, não raro, rondam determinados segmentos políticos tendentes a enfraquecer a legislação sancionatória ou até mesmo inspirados em motivações nada impessoais.

Nas ações promovidas pelos demais legitimados, o Ministério Público deverá ser previamente ouvido.

A representação pela intervenção da União e dos Estados será feita nos casos previstos na Constituição.[64]

No rol de atribuições estabelecidas consta também a defesa judicial dos direitos e interesses das populações indígenas, missão sob o encargo do Ministério Público Federal.

Todavia, importa salientar, o rol estabelecido na Constituição não é taxativo. Outras tantas funções não elencadas poderão ser atribuídas à Instituição, desde que compatíveis com sua atividade-fim.

A legislação infraconstitucional vem, paulatinamente, conferindo-lhe outras relevantes missões.

## Poder requisitório e recomendações

A fim de propiciar condições para bem cumprir sua missão, dando-lhe corpo e autoridade, a Constituição conferiu ao Ministério Público o poder de expedir notificações em seus procedimentos administrativos, requisitar informações e documentos para instruí-los, na forma da lei complementar.[65]

Restou também expressamente consignado o seu poder de requisitar diligências e a instauração de inquérito policial,

---

64 Artigos 34 e 35 da Constituição Federal de 1988.

65 Artigo 129, inciso VI da Constituição Federal de 1988.

sempre com o dever de indicar os fundamentos jurídicos de suas manifestações processuais.[66]

Com a Lei Orgânica Nacional do Ministério Público (Lei n. 8.625, de 12 de fevereiro de 1993) e a Lei Orgânica do Ministério Público da União (Lei Complementar n. 75, de 20 de maio de 1993), esse poder de requisição e notificação ficou melhor disciplinado.

O poder de requisição de documentos, informações, exames periciais, estende-se a todos os órgãos da administração pública, direta, indireta ou fundacional.

Importante acentuar que requisitar significa exigir. Não é uma simples solicitação. Trata-se de uma ordem expedida por uma autoridade com competência para tanto. Na prática, esse poder requisitório é de extremo valor. Ao saber que um processo licitatório tramita de forma completamente irregular, prestes a causar enorme prejuízo ao patrimônio público, pode o agente com competência para tal matéria, requisitar cópia desse processo. O desatendimento poderá acarretar punição na esfera penal, por desobediência.

Sem esse mecanismo é fácil concluir que o agente público poderia usar de subterfúgios outros para não entregar tais documentos.

Além do poder requisitório, o Ministério Público pode promover inspeções e diligências investigatórias em relação às autoridades, órgãos e entidades.[67] Some-se, por outro lado, o fato de que o poder requisitório não se restringe a documentos e informações. O Ministério Público pode também requisitar

---

[66] Artigo 129, inciso VIII da Constituição Federal de 1988.

[67] Art. 26, inciso I, alínea "c", da Lei n. 8.625/03, de 12 de fevereiro de 1993.

da autoridade competente a instauração de sindicância ou procedimento administrativo cabível.[68] O poder de requisição é também extensivo às entidades privadas.[69] Mas é importante ressaltar que esse poder requisitório de documentos, informações e exames periciais, submete o agente a um dever funcional: o membro do Ministério Público será responsabilizado se, eventualmente, utilizá-los indevidamente, sobretudo nas hipóteses legais de sigilo.[70]

Com a Lei Orgânica Nacional do Ministério Público, paralelamente ao seu poder de expedir notificações, para colher depoimentos ou esclarecimentos, estabeleceu também que, em caso de não comparecimento injustificado, o agente ministerial poderá requisitar sua condução coercitiva, inclusive pela Polícia Civil ou Militar. Todavia, em face de recente decisão do STF,[71] a condução coercitiva de investigado ou réu foi julgada inconstitucional. Por óbvio, essa decisão não se aplica a testemunhas, ofendidos e peritos.

Para poder cumprir sua função de fiscal da administração pública, especialmente para garantir a defesa dos direitos assegurados na Constituição e nas leis, o Ministério Público pode também promover as audiências públicas para a discussão de questões de relevância social e emitir recomendações aos órgãos e entidades da administração direta ou indireta, concessionárias e permissionárias de serviço público, e até mesmo

---

68 Art. 26, inciso III, da Lei n. 8.625/93, de 12 de fevereiro de 1993.

69 Art. 26, inciso II, da Lei n. 8625/93, de 12 de fevereiro de 1993.

70 Art. 26, inciso VIII, parágrafo 2º, da Lei n. 8.625/93, de 12 de fevereiro de 1993.

71 Disponível em: <http://www.stf.jus.br/portal/cms/verNoticiaDetalhe.asp?idConteudo=381510>. Acesso em: 14 jun. 2018.

para entidades que exerçam função delegada ou que executem serviço de relevância pública.[72]

Por meio da audiência pública, os membros do Ministério Público, uma vez mais deixando os limites estreitos de seu gabinete, se convertem em agentes públicos fomentadores do debate de questões importantes para a sociedade.

Mediante esse mecanismo, com participação de segmentos da comunidade diretamente interessados, e com a participação de especialistas nos temas debatidos, o agente do Ministério Público age como um interlocutor para buscar informações e necessidades relevantes, a fim de propor soluções extrajudiciais entre partes envolvidas ou, não havendo possibilidade de resolução consensual, propor a medida judicial compatível.

Além disso, por meio das audiências públicas pode o Ministério Público melhor fazer a radiografia da questão temática ventilada e, com isso, municiar os seus próprios programas estratégicos de atuação funcional no âmbito dos interesses difusos e coletivos.

De outro lado, a recomendação também se constitui num mecanismo de resolução extrajudicial de conflitos. Na sua condição de fiscal da administração pública, o Ministério Público dispõe dessa salutar ferramenta institucional.

Ao tomar conhecimento de eventual descumprimento da legislação, que obstrua, impeça, dificulte ou comprometa a consecução de direitos assegurados na Constituição e nas leis, o Ministério Público pode lançar mão desse expediente, recomendando a adoção de providências cabíveis.

---

[72] Art. 27, inciso IV, da Lei n. 8.625/93, de 12 de fevereiro de 1993.

É oportuno registrar que os administradores, especialmente no início da vigência da Lei Orgânica Nacional do Ministério Público, por desconhecimento, e ainda contaminados pelo ranço autoritário, estranharam esse mecanismo de atuação. Muitas vezes resistiram, a pretexto de que estaria havendo uma intromissão na administração. Aos poucos os administradores foram melhor assimilando essa missão institucional, ainda que, aqui e acolá, ainda existam focos de resistência.

A oxigenação democrática, com a instituição de conselhos municipais, estaduais e federais de toda a ordem (idosos, crianças e adolescentes, portadores de deficiência, saúde, etc.), criou uma nova atmosfera para a resolução de conflitos transindividuais. Existe hoje uma profícua interação entre esses conselhos, e tanto outros atores sociais, com o Ministério Público. Tais segmentos sociais, quando não conseguem a resolução de conflitos diretamente com a administração pública, procuram o Ministério Público que, a exemplo da recomendação, dispõe também de outras ferramentas incisivas de atuação, cabendo-lhe, em última instância, promover, se necessário, a demanda judicial.

Desse modo, os atores formais, além de ativistas outros, diretamente envolvidos com problemas sociais, se constituem num legítimo propulsor de atuação do Ministério Público, que, por sua missão institucional, deve estar sempre receptivo a tais enfrentamentos.

Por esse prisma, entende-se melhor porque o membro do Ministério Público é considerado um agente político, não partidário. O seu engajamento nas questões sociais de relevância leva-o a melhor conhecer a realidade sofrida da grande massa. Assim, em sintonia com os demais atores de cada área, adquire melhores condições para a proposição de medidas resolutivas de grande repercussão social.

Não sem razão, por essa interação com as forças vivas e atuantes da sociedade, o agente do Ministério Público acaba também por amealhar experiência suficiente para dar respaldo à criação e alteração legislativa.

Com maior motivação, pois, pode sugerir ao Poder Público competente a edição de normas e alteração da legislação, não só com relação à prevenção e controle da criminalidade, como constou na Lei Orgânica Nacional do Ministério Público,[73] mas também com relação a toda sua área de atuação.

---

[73] Artigo 26, inciso VII, da Lei n. 8.625, de 12 de fevereiro de 1993.

# 5

# ATRIBUIÇÕES REGULAMENTADAS NA LEGISLAÇÃO INFRACONSTITUCIONAL

À medida que, por decorrência das linhas mestras traçadas na Constituição de 1988, foram melhor disciplinadas algumas questões temáticas de alcance social, gradativamente, foram também estabelecidas, de forma específica, funções e procedimentos complementares afetos ao Ministério Público.

Nas linhas seguintes, serão abordados certos mecanismos jurídicos infraconstitucionais instituídos, de forma a melhor evidenciar a responsabilidade e a estatura institucional. A exposição não será exaustiva, e sim exemplificativa. Em outras palavras, não serão visitadas todas as normas que, explicita ou implicitamente, estabeleçam atribuições ao Ministério Público.

## Defesa de pessoas com deficiência

Da Constituição de 1988, emerge a magna preocupação de assegurar proteção e garantia às pessoas com deficiência.[74] Dentre outras medidas, estabelece proteção ao trabalho, proibindo-se qualquer discriminação à admissão de portador de deficiência,[75] assistência social (habilitação e reabilitação, integração à vida comunitária); garantia de um salário mínimo de benefício social na hipótese de não possuir meios à própria manutenção ou tê-la provida pela família; atendimento especializado preferencialmente na rede regular de ensino; eliminação de barreiras arquitetônicas, adaptação de logradouros públicos, edifícios e veículos de transporte coletivo; criação de programas e prevenção e atendimento especializado, além de treinamento para o trabalho.

Com esse escopo, surge em 1989 a lei que veio disciplinar as medidas de proteção e integração social das pessoas portadoras de deficiência.[76] Essa lei teve por objetivo assegurar o pleno exercício dos direitos básicos, principalmente na área da educação, saúde, trabalho, lazer, previdência social e amparo à infância e maternidade.

---

[74] Art. 23, inciso II da Constituição Federal de 1988.

[75] Art. 7º, inciso XXXI da Constituição Federal de 1988.

[76] BRASIL. *Lei n. 7.853 de 24 de outubro de 1989.* Dispõe sobre o apoio às pessoas portadoras de deficiência, sua integração social, sobre a Coordenadoria Nacional para Integração da Pessoa Portadora de Deficiência – Corde, institui a tutela jurisdicional de interesses coletivos ou difusos dessas pessoas, disciplina a atuação do Ministério Público, define crimes, e dá outras providências.

Além disso, a lei definiu os crimes específicos por condutas atentatórias aos direitos nela assegurados e, fazendo pela primeira vez alusão específica à incumbência do Ministério Público, disciplinou sua atuação para, na condição de um dos legitimados, promover a defesa dos direitos ali assegurados.[77]

Em 2015, foi instituída a Lei Brasileira de Inclusão da Pessoa com Deficiência (Estatuto da Pessoa com Deficiência), instrumento normativo que consolidou e melhor disciplinou a questão atinente à respectiva inclusão e cidadania.

O novo estatuto, como não poderia deixar de ser, consigna, expressamente, o Ministério Público como um dos legitimados para promover a defesa dos direitos ali elencados. Nessa área, não obstante a existência dos demais legitimados, o Ministério Público tem se destacado na nobre tarefa de defender os interesses e direitos da pessoa com deficiência. É uma missão — tanto quanto as demais já ventiladas ou ainda por serem salientadas —, consentânea com a sua tradicional vocação para a defesa de segmentos com alguma forma de hipossuficiência.

Igualmente, assim como nas demais áreas temáticas, o Ministério Público poderá instaurar inquérito civil público para apurar eventual afronta aos interesses e direitos neste âmbito, inclusive valendo-se de todo o instrumental necessário para obtenção da prova. Tal como previsto na Constituição e na lei orgânica respectiva e promover a ação civil pública para,

---

[77] Há outros legitimados, tais como a Defensoria Pública, União, Estado, Município, autarquias e empresas públicas, fundação ou empresa de economia mista, que inclua em suas funções institucionais a proteção dos interesses e a promoção de direitos da pessoa portadora de deficiência, além de associação constituída há mais de um ano (art. 3º da Lei n. 7.853/89).

também nesta área, defender interesses transindividuais e individuais indisponíveis.

São múltiplos os exemplos de atuação dos agentes do Ministério Público no cotidiano com resultados concretos na missão de promover a inclusão social, com especial destaque para ações destinadas a eliminar barreiras arquitetônicas e adaptação de logradouros públicos, edifícios e de veículos de transporte coletivo.

A título de ilustração, colhe-se um vigoroso exemplo de intermediação realizado, com conjunto, pelo Ministério Público de São Paulo, Ministério Público de Minas Gerais e Ministério Público Federal. Em 2008, firmaram um Termo de Ajustamento de Conduta (TAC) com a Federação Brasileira de Bancos (FEBRABAN) e outros bancos aderentes, para o efeito de garantir acessibilidade e atendimento prioritário a pessoas com deficiência física, visual, auditiva e mental.[78]

Dentre outras medidas, a FEBRABAN e os bancos aderentes comprometeram-se a disponibilizar rampas de acesso ou equipamentos eletromecânicos de deslocamento vertical; promover a adaptação do mobiliário; destinar e sinalizar vagas de estacionamentos; instalar sanitários adequados e providenciar a adaptação dos caixas eletrônicos.

[78] MINISTÉRIO PÚBLICO FEDERAL. *Termo de Ajustamento de Conduta*. Disponível em: <http://www.mpsp.mp.br/portal/page/portal/cao_civel/aa_ppdeficiencia/aa_ppd_acessibilidade/Tac%20-%20Febraban%20-%20Assinado.pdf>. Acesso em: 08 fev. 2018.

## Defesa do consumidor

O Código de Defesa do Consumidor, estatuído em 11 de setembro de 1990, que passou a vigorar a partir de 11 de março de 1991,[79] representa significa inovação no ordenamento jurídico brasileiro.

Rompendo com a tradicional e individualista concepção nas relações de consumo — por reconhecer que o sistema de produção e distribuição do mundo moderno acaba por promover interações impessoais, com a proliferação de contratos padronizados, por adesão —, a nova lei de regência veio com objetivo de impor normas para garantir o equilíbrio e igualdade de forças entre consumidores e fornecedores, reduzindo, pois, o espaço da autonomia da vontade.

Na Constituição, a defesa do consumidor foi consagrada como direito fundamental.[80]

O Código de Defesa do Consumidor expressamente consignou que cabe ao Ministério Público promover a defesa dos interesses ou direitos coletivos, difusos e individuais homogêneos dos consumidores.[81]

A exemplo de tantas outras áreas de atuação, a defesa dos consumidores pelo Ministério Público — legitimação já conferida pela lei da ação civil pública de 1985 — causou grande impacto. E, por isso, no início sofreu algumas resistências.

Desincumbindo-se de sua missão, o Ministério Público foi a campo. E, assim, começaram a pontificar, por exemplo, as

---

[79] BRASIL. *Lei n. 8078, de 11 de setembro de 1990.* Dispõe sobre a proteção do consumidor e dá outras providências.

[80] Artigo 5º, inciso XXXII, da Constituição Federal de 1988.

[81] Artigo 81, do Código de Defesa do Consumidor (Lei n. 8.078/1990).

ações de combate à adulteração de alimentos e medicamentos; publicidade enganosa; cláusulas contratuais abusivas; formação de cartel e adulteração no ramo de combustíveis; irregularidades ou abusos na área da telefonia, energia elétrica, planos de saúde e ensino privado; vícios e defeitos de produtos, etc.

Do Ministério Público do Rio Grande do Sul, dentre tantos outros, extrai-se um destacado exemplo de atuação na defesa dos interesses dos consumidores, realizada com a participação de integrantes do Ministério da Agricultura, Pecuária e Abastecimento (MAPA), da Receita Estadual e da Brigada Militar. Na linha de seu Programa de Segurança Alimentar, por exemplo, ganhou enorme destaque a *Operação Leite Compen$ado*, com a retirada do mercado de produtos impróprios ao consumo. Durante as investigações, laudos técnicos indicavam fraude na adição de água no leite cru refrigerado e alteração na densidade do produto, com adição de açúcar, sal e amido de milho, acidez elevada e adição de soro de leite.[82]

Como desdobramento houve também a *Operação Queijo Compen$ado*. Neste caso, as investigações apontaram a fabricação de queijo com amido de milho, que serve para mascarar a colocação de menos leite do que o exigido pelas normas. A Operação apontou ainda a presença de coliformes fecais no produto apreendido.[83]

---

[82] Disponível em: <http://mprs.mp.br/areas/principal/arquivos/relatorio_anual_2015.pdf>.

[83] Disponível em: <https://www.mprs.br/noticias/consumidor/41631>. Acesso em: 30 set. 2018.

É imponderável o ganho obtido pela sociedade nessa área. A indústria e o comércio, assim como os prestadores de serviço, passaram a sofrer revezes e, gradativamente, o respeito aos direitos do consumidor foram ganhando relevo.

Não é tarefa fácil. Na área dos combustíveis, por exemplo, em que, de norte a sul, houve enfrentamento para coibir adulterações ou cartéis, muitos agentes do Ministério Público foram alvo de retaliações, ameaças e até há registro de assassinato.

Um caso emblemático, que ilustra bem a aridez da função, foi a morte do promotor de Justiça Francisco José Lins do Rego, ocorrida em 25 de janeiro de 2000, na região Centro-Sul, de Belo Horizonte. Ele estava investigando uma suposta máfia dos combustíveis em Minas Gerais. E, no fatídico dia, quando se encontrava de carro, parado num semáforo, foi atingindo por sete tiros disparados por um homem que estava na garupa de uma moto. Das investigações resultou que a moto era dirigida por um homem dono de uma rede de postos de combustíveis, que foi condenado a 21 anos e 6 meses de prisão.[84]

## Defesa da criança e do adolescente

Em 12 de outubro de 1990, entra em vigor o Estatuto da Criança e do Adolescente, instrumento jurídico de relevante vigor social, tido como revolucionário em relação às práticas desarticuladas que, até então se davam em relação ao tema.[85]

---

[84] *SITE* G1. *Execução de promotor em rua de BH completa 10 anos.* Disponível em: <http://g1.globo.com/minas-gerais/noticia/2012/01/execucao-de-promotor-em-rua-de-bh-completa-10-anos.html>. Acesso em: 30 nov. 2017.

[85] BRASIL. *Lei n. 8.069, de 13 de julho de 1990.* Dispõe sobre o Estatuto da Criança e do Adolescente e dá outras providências.

Com inspiração na doutrina da proteção integral à criança e ao adolescente, o estatuto viria a estabelecer os seus direitos fundamentais, mecanismos de prevenção especial, política de atendimento, medidas de proteção, medidas socioeducativas em caso de ato infracional, medidas aplicáveis aos pais, dentre outros.

O Ministério Público, na condição de defensor dos direitos sociais e individuais indisponíveis, mereceu uma capítulo especial nesse estatuto.[86]

A esfera de sua atuação nessa área é ampla, justificando-se a promoção de medidas de prevenção, proteção e aplicação de medidas socioeducativas (como espécie de repressão e reparação na hipótese de ato infracional), bem com medidas aplicáveis aos pais e responsáveis.

Cabe-lhe, dentre tantas outras, a tarefa de zelar pelo efetivo respeito aos direitos e garantias legais conferidos às crianças e adolescentes, podendo, para tanto, utilizar-se de todos os mecanismos processuais adequados para promover a defesa, seja de forma administrativa ou judicial. Pode, por exemplo, promover inquérito civil e ação civil pública para a proteção de direitos individuais, difusos e coletivos.[87]

O Ministério Público é uma espécie de guardião-mor dos interesses da criança e do adolescente, com amplos poderes para exercer a sua missão. O próprio Estatuto da Criança e do Adolescente, reforçando e complementando a ordem jurídica

[86] Artigo 200 e seguintes do Estatuto da Criança e do Adolescente (Lei n. 8.069/1990).

[87] Artigo 201, incisos V e VIII do Estatuto da Criança e do Adolescente (Lei n. 8.069/1990).

estabelecida na Constituição e Lei Orgânica Nacional, tratou de instrumentalizar a instituição para o fiel cumprimento de delicada e importante tarefa. Pode, por exemplo, requisitar informações, documentos, exames, perícias, a qualquer órgão público, ou entidade privada encarregada de atendimento a programas protetivos; promover inspeções e diligências investigatórias, instaurar sindicâncias, representar ao juízo pela aplicação de penalidades por infrações contra as normas de proteção à criança e ao adolescente.

No âmbito da proteção e prevenção, o cotidiano dos agentes do Ministério Público é pautado por múltiplos e desgastantes atendimentos, seja de ordem coletiva, oriundos das entidades de atendimento, dos respectivos conselhos tutelares, conselhos municipais, ONGs, assistentes sociais municipais, seja de ordem individual com a interlocução com pais e responsáveis, ou até mesmo de terceiros na comunicação de abusos a que crianças e adolescentes são submetidos.

Essa interação social — uma parte pouco visível, mas de valor imensurável — é de extrema importância na resolução extrajudicial de conflitos envolvendo crianças e adolescentes, seja como mediador e fomentador efetivo de ações coletivas, individuais e, se infrutíferas, como agente promovente de medidas judiciais.

Pela gravidade dos problemas que envolvem segmentos da população mais exposta aos abusos de toda a ordem, seja por abandono, maus-tratos, exploração sexual, saúde, o agente do Ministério Público — e poucos sabem avaliar a dimensão — é recorrentemente acionado por vezes à noite e até em finais de semana, em razão da urgência de certas medidas.

Não é incomum que agentes do Ministério Público, juntamente com os assistentes sociais e conselheiros tutelares, se disponham a resolver conflitos e encaminhar medidas num penoso empenho extraprofissional, alguns até utilizando recursos próprios nas emergências.

Como se percebe — assim também em casos afetos a outras áreas temáticas —, para além do preparo técnico, exige-se do agente um desprendimento funcional marcado pelo voluntarismo e compromisso institucional.

Sua atuação é pendular. Vai de uma interlocução verbal diária de menor repercussão, acolhimento de relatos estarrecedores de abuso sexual no âmbito familiar, maus-tratos físicos de pais ou responsáveis, no seu gabinete; promove medida judicial para a perda da guarda, destituição da tutela, suspensão ou destituição do pátrio poder, e vai até promover uma ação civil pública, de maior indagação jurídica, no sentido de garantir direitos fundamentais, como, por exemplo, exigindo das autoridades competentes a implementação de programas educativos e assistenciais (garantia de acesso escolar, implementação de creches, apoio material a entidades de atendimento, ampliação de leitos para atendimento infantil nos hospitais públicos ou conveniados, implantação ou ampliação de serviços especializados no atendimento de crianças portadoras de deficiência física ou mental, etc.).

É infindável o rol de ações que pontificam em todos os quadrantes da nação no sentido dessa proteção. Muitas delas originadas da constante interação do Ministério Público com as entidades e os conselhos diretamente envolvidos na questão protetiva das crianças e dos adolescentes.

Colhe-se do Ministério Público Estadual de São Paulo um exemplo que culminou com uma decisão paradigmática do Superior Tribunal de Justiça (STJ), cuja origem é a Comarca de Santos.

O Conselho Municipal dos Direitos das Crianças e dos Adolescentes daquele município baixou uma Resolução deliberando sobre a necessidade de criação de programas para o atendimento de alcoólatras e toxicômanos nesse segmento.

Após esgotadas todas as tratativas com o executivo municipal, o Ministério Público ingressou com uma ação civil pública contra a municipalidade, alegando omissão administrativa e exigindo a adoção de providências para a implantação de programas naquele sentido.

Depois de tramitar por ambas as instâncias no Estado de São Paulo, o STJ culminou por julgar procedente a demanda, determinando a inclusão no orçamento de verba destinada à finalidade em referência:

> ADMINISTRATIVO E PROCESSO CIVIL - AÇÃO CIVIL PÚBLICA - ATO ADMINISTRATIVO DISCRICIONÁRIO: NOVA VISÃO.
>
> 1. Na atualidade, o império da lei e o seu controle, a cargo do Judiciário, autoriza que se examinem, inclusive, as razões de conveniência e oportunidade do administrador.
>
> 2. Legitimidade do Ministério Público para exigir do Município a execução de política específica, a qual se tornou obrigatória por meio de resolução do Conselho Municipal dos Direitos da Criança e do Adolescente.

> 3. Tutela específica para que seja incluída verba no próximo orçamento, a fim de atender a propostas políticas certas e determinadas.
>
> 4. Recurso especial provido. (STJ, Rel. Ministra Eliana Calmon, REsp 493811, julg. 15.03.2004).

Na hipótese de ato infracional cometido por criança ou adolescente — outro ponto sensível e de difícil atuação — o Ministério Público tem a incumbência de promover e acompanhar os respectivos procedimentos perante o juízo competente, propondo as medidas de proteção e medidas socioeducativas.

É importante enfatizar que nessa esfera de atuação houve uma grande inovação no encaminhamento da questão infracional.

Na hipótese de flagrante, por exemplo, em que pela gravidade o adolescente não for liberado, a autoridade policial encaminhará o infrator diretamente ao representante do Ministério Público, com o respectivo auto de apreensão e boletim de ocorrência. O agente do Ministério Público, então, informalmente, procederá de imediato a sua oitiva, de seus pais ou responsável e de testemunhas.

Neste caso, o representante do Ministério Público, poderá promover o arquivamento dos autos, se não vislumbrar caracterização de ato infracional, conceder a remissão — espécie de perdão, se for o caso — ou então representar à autoridade judiciária para aplicação de medida socioeducativa.

Na linha de demonstrar a evolução institucional, desvinculando-se daquela noção trivial de acusador sistemático e implacável — para, ao reverso, reconhecer que a sua destinação constitucional é, essencialmente, promover a justiça, como parte imparcial — é oportuno salientar que a nova legislação trouxe outra importante inovação. Foi deferido ao Ministério Público o poder discricionário de conceder a remissão, uma espécie de perdão ao infrator.[88]

Nessa hipótese, antes de iniciado o procedimento judicial para a resolução do conflito abarcando ato infracional, o agente do Ministério Público, atendendo às circunstâncias e consequências do fato, o contexto social, bem como a personalidade do adolescente e sua maior ou menor participação, poderá conceder a remissão, como forma de exclusão do processo.

A remissão, que não implica reconhecimento ou comprovação da responsabilidade do infrator, pode incluir a aplicação de medidas previstas em lei, salvo semiliberdade ou internação. Assim, mesmo concedida a remissão, paralelamente pode-se aplicar, a medida de advertência, prestação de serviço à comunidade, reparação do dano, liberdade assistida.[89] De início, essa prerrogativa concedida ao Ministério Público gerou certa polêmica, e até certa resistência, no meio forense, já que coube ao Ministério Público o exercício de parcial poder decisório.

Porém, com o passar do tempo, tal prerrogativa passou a ser melhor assimilada como um mecanismo salutar para a resolução de conflitos nessa área, especialmente porque evitava-se que as questões de menor potencial ofensivo fossem submetidas aos juízes.

Antes de encerrar este tópico temático, ligado aos interesses da criança e do adolescente, é oportuno registrar, até como elemento histórico, que o Ministério Público foi o grande propulsor de medidas objetivas para a completa implantação da estrutura organizacional preconizada pelo Estatuto.

---

88 Artigos 126, 127 e 128 do Estatuto da Criança e do Adolescente (Lei n. 8.069/1990).

89 Artigo 112 do Estatuto da Criança e do Adolescente (Lei n. 8.069/1990).

Tendo entrado em vigor o Estatuto, era preciso estimular a criação dos conselhos de defesa dos direitos das crianças e dos adolescentes e os conselhos tutelares. É claro que essa tarefa cabia aos agentes políticos de cada unidade da federação e a cada município.

Mas o Ministério Público dos estados, em maior ou menor grau de envolvimento, foram além. Regra geral, foram os protagonistas dessa implantação, seja cobrando a respectiva legislação, sobretudo nos municípios, e, até mesmo, atuando de forma mais efetiva na colaboração ou elaboração de esboços legislativos.

Uma vez implantados os conselhos, os agentes do Ministério Público passaram a ser também a referência para a capacitação dos agentes desses conselhos, das entidades de atendimento e até mesmo de agentes policiais, por meio de palestras e seminários temáticos.

Assim, todo esse envolvimento inicial acabou também por permitir uma forte interação desses organismos sociais com a instituição ministerial. Pode-se afirmar, inclusive, que o agente do Ministério Público passou a ser, por vezes, e informalmente, uma espécie de referência técnica nessa sensível área de atuação.

Dessa conjunção de esforços, resultou uma força sinérgica, com incontáveis ganhos na estrutura voltada para a defesa desse enorme contingente social, a ponto de, inclusive, fomentar e cobrar dos órgãos públicos a implantação ou ampliação de políticas públicas voltadas para o setor.

Não à toa, a instituição também ganhou notoriedade nessa linha de atuação, provocando inicialmente, aos menos avisados, uma estranheza a ponto de se indagar: afinal, como o Ministério Público, notabilizado por ser um órgão acusador, sobretudo na área penal, é, ao mesmo tempo, o agente que promove ações de proteção na área da criança e do adolescente?

No entanto, na medida em que o Estatuto ia sendo implantado, emergia clara a vocação institucional diferenciada, a ponto de — mercê também de sua atuação em outras áreas sensíveis como saúde, idosos, portadores de deficiência, racismo, direitos humanos de uma forma geral — receber a alcunha de Ministério Público Social.

## Defesa da probidade administrativa

> A corrupção não é um ato, mas uma condição, um estado pessoal e social, no qual a pessoa se habitua a viver. O corrupto está tão fechado e satisfeito em a sua autossuficiência que não se deixa questionar por nada nem por ninguém. Construiu autoestima que se baseia em atitudes fraudulentas, passa a buscar os atalhos do oportunismo, ao preço de sua própria dignidade e da dignidade dos outros. A corrupção faz perder o pudor que protege a verdade, a bondade e a beleza. (PAPA FRANCISCO)[90]

[90] Texto citado pela Procuradora-Geral da República Raquel Dodge, na sua posse, em 18 de set. 2017, extraído do livro *O Nome de Deus é Misericórdia*, ed. Planeta, 2016, p. 120.

Em 1992, a sociedade brasileira ganhou um vigoroso mecanismo legal de combate à improbidade administrativa.[91] [92] Até então, os mecanismos de repressão à corrupção administrativa eram frágeis.

A nova lei, chamada de lei da improbidade administrativa, elencou, não exaustivamente, os atos considerados ímprobos e estabeleceu sanções específicas para os casos de enriquecimento ilícito, prejuízo ao erário e ofensa aos princípios da administração pública.

A lei fixou uma série de sanções específicas para os casos de enriquecimento ilícito, prejuízo ao erário e ofensa aos princípios da administração pública, como multa, perda dos bens ou valores recebidos ilicitamente; ressarcimento integral do dano; perda da função, suspensão de direitos políticos.

Além disso, estabeleceu também a possibilidade de se utilizar medidas cautelares de indisponibilidade, sequestro de bens e o afastamento provisório do agente público infrator.

Dessa forma, e com sanções de natureza grave, como é caso da perda da função e suspensão de direitos políticos, a efetiva aplicação da lei passou a ter enorme repercussão na sociedade

---

91 BRASIL. *Lei n. 8.429, de 2 de junho de 1992*. Dispõe sobre as sanções aplicáveis aos agentes públicos nos casos de enriquecimento ilícito no exercício de mandato, cargo, emprego ou função na administração pública direta, indireta ou fundacional e dá outras providências.

92 Quanto às pessoas jurídicas, *vide* o disposto no art. 19 da Lei n. 12.846 de 1º de agosto de 2013 (Dispõe sobre a responsabilização administrativa e civil das pessoas jurídicas pela prática de ato contra a administração pública, nacional ou estrangeira, e dá outras providências), que confere ao Ministério Público, dentre outros, a legitimidade para ajuizar ação para aplicação de sanções ali elencadas.

brasileira que, até então, raramente via punição aos agentes públicos, especialmente aos detentores de mandato eletivo.

Na linha do comando constitucional — que atribui ao Ministério Público a função de proteção do patrimônio público — a lei conferiu-lhe a legitimidade para propor a respectiva ação civil pública, visando impor as medidas cautelares de afastamento do agente público, sequestro e indisponibilidade de bens, e as sanções cominadas.

A legitimidade não é exclusiva. A pessoa jurídica interessada (administração direta e indireta) poderá também ingressar com a correspondente ação. No entanto, é oportuno registrar, na prática tais ações por improbidade administrativa têm sido monopolizadas pelo Ministério Público, certamente em razão de seu ofício já especializado na persecução de ilícitos. Ademais, quando o infrator exerce função de ordem política ou está sob o manto protetor de outro agente político, há uma conveniente inércia na investigação de atos ímprobos.

Assim que começaram a proliferar as ações por improbidade administrativa, e concomitantemente os pedidos de afastamento de agentes públicos e as medidas de indisponibilidade ou sequestro de bens, nas hipóteses legais, houve um sobressalto na sociedade brasileira, não acostumada a ver tal clientela responder judicialmente por seus atos ímprobos.

Especialmente os agentes políticos passaram a estranhar esse novo protagonismo do Ministério Público e até reagir de todas as formas diante de suas ações, questão que será abordada em tópico próprio linhas adiante.

De outro lado, à medida que o Ministério Público ganhava maior visibilidade nessa área de atuação, os agentes políticos opositores passaram a fazer recorrentes representações aos membros do Ministério Público, noticiando atos de improbidade administrativa.

Descobriram um canal adequado para fustigar seus adversários. Os agentes do Ministério Público sabem muito bem que muitas demandas são apenas retaliações políticas, mas tantas outras, quando têm consistência, são profissionalmente acolhidas, independentemente de facção ideológica.

Aumentava-se exponencialmente a atuação do Ministério Público. A abertura de inquérito cíveis públicos permitia, paralelamente, a coleta de provas para a propositura de ações criminais, quando cabíveis.

Aliás, a título de curiosidade, em dado momento histórico, mais acentuadamente entre final dos anos 1990 e início da década de 2000, o Ministério Público chegou a ser criticado a pretexto de que atuava sob inspiração ideológica de esquerda.

Coincidência ou não, tornou-se público que em várias instâncias, municipais e estaduais, alguns caciques e oligarquias políticas sofreram inesperadas derrotas eleitorais para partido tido como de esquerda. Mas isso decorria do fato de que o segmento ideológico sucessor, como é sabido, era o mais organizado e combativo e, por via de consequência, era o que mais fiscalizava a administração pública.

Municípios de importância estratégica passaram a ser administrados pela chamada facção de esquerda e, certamente, serviram como alavanca para projetos de alcance nacional.

Passados os anos, e promovida a alternância de poder, com sustentáculo em todas as instâncias políticas, agora, ao contrário, eventuais ações desencadeadas sob nova conjuntura ideológica, passaram a ser atribuídas a interesses de outra facção.

Incompreensões à parte ou cegueira deliberada, é fato inconteste que o Ministério Público, com fundamento nessa nova legislação, passou a protagonizar incontáveis ações de combate à corrupção e legitimou-se como um poderoso defensor do patrimônio público, alijando da administração pública funcionários e agentes políticos corruptos.

É verdade também que, não obstante a faxina moral, protagonizada pelo Ministério Público, muitos agentes, mesmo respondendo a processo por improbidade administrativa, ainda foram reeleitos. Mas isso é outra história!

Um exemplo emblemático, tanto pela dimensão da corrupção que se disseminava, quanto pelos personagens envolvidos, foi a atuação do Ministério Público do Paraná, por meio da Promotoria de Justiça de Londrina.

A investigação de atos de improbidade administrativa, que teve seu ápice por volta dos anos 2000 e 2001, ficou conhecida na imprensa do Paraná como o caso "AMA/COMURB", porque envolvia atos de corrupção na Autarquia do Meio Ambiente (AMA) e Companhia de Urbanismo, do Município de Londrina (COMURB).

A investigação começara timidamente em 1999, a partir de denúncia formulada por uma combatente vereadora,[93] que apontava para um superfaturamento nos serviços de capina e roçagem, a cargo da Autarquia do Meio Ambiente (AMA) e posteriormente estendeu-se também para a Companhia Municipal de Urbanismo (COMURB), na qual se apurou a

93 Vereadora Elza Correia.

existência de licitações e contratos fraudados (superfaturamento, contratos fictícios, desvio de dinheiro público).

Inicialmente, no âmbito da AMA, cogitava-se num desvio de aproximadamente R$ 80.000,00 (oitenta mil reais) em decorrência do superfaturamento da capina e roçagem. Mas no transcorrer das investigações, com o envolvimento de outros desvios, sobretudo no âmbito da COMURB, a cifra chegava a milhões de reais.

Um réu colaborador estimara um rombo de aproximadamente R$ 30.000.000,00 (trinta milhões de reais). No entanto, durante as investigações o Ministério Público conseguiu rastrear, comprovadamente, perto de R$ 20.000.000,00 (vinte milhões de reais). Dos diretores da AMA e COMURB, inicialmente, as investigações chegaram a diversos agentes públicos, secretários e até o prefeito. Como o escândalo daquela corrupção ganhou maior dimensão, graças especialmente a um réu confesso que passou a ser colaborador do Ministério Público, foi criada uma força-tarefa de membros da Promotoria de Justiça de Londrina.

Em decorrência da operação AMA/COMURB, foram ajuizadas 122 ações envolvendo mais de 200 réus, incluindo o então prefeito, secretários, políticos e dezenas de servidores públicos. Desse total de ações, 79 eram ações civis públicas por improbidade administrativa ou apenas para ressarcimento do erário, na hipótese de já ter ocorrido a prescrição.

No âmbito penal, foram propostas 43 ações, seja por formação de quadrilha, corrupção ativa, passiva, falsidade ideológica e fraudes em licitações.[94] Na época ainda não havia o instituto da colaboração premiada, tal como agora melhor disciplinada, e nem mesmo outros artifícios processuais incorporados recentemente à legislação penal. Mesmo assim, os agentes do Ministério Público envolvidos na operação — ainda que de forma improvisada, sem estrutura material e pessoal adequada para a dimensão do escândalo que assolava a segunda maior cidade do Paraná — conseguiram razoável êxito.

Digno de especial realce é fato de que, de forma pioneira — ou, ao menos, entre as primeiras colaborações premiadas de que se tem notícias no país —, os agentes do Ministério Público que estavam na linha de frente das investigações passaram a aplicar, de imediato, as disposições da Lei 9.807/99 (lei de proteção às testemunhas, vítimas e réus colaboradores) na esfera criminal. Assim é que, ainda no segundo semestre de 1999, houve a formalização do primeiro acordo de colaboração da operação com um dos principais investigados. Tal era o impacto desse novo instrumento de obtenção de provas que, diante do temor manifestado pelo investigado e sua defesa, o ato de manifestação de vontade do investigado teve que ser realizado em Curitiba.

De forma inovadora, igualmente, por analogia com que dispunha a referida lei e adotando princípios do Direito Civil, esse acordo de colaboração e os demais firmados na sequência também tinham por finalidade subsidiar ações por improbidade administrativa, inclusive com repercussão na concessão

---

94 COMELI, Loriana. *AMA/COMURB: 15 anos depois, nada voltou aos cofres públicos.* Disponível em: <http://www.bonde.com.br/bondenews/politica/ama-comurb-15-anos-depois-nada-voltou-aos-cofres-publicos-375000.html>. Acesso em: 21 maio 2017.

de benefícios aos réus, notadamente para efeito de reduzir proporcionalmente a responsabilidade de cada qual dos colaboradores quanto ao ressarcimento dos danos provocados. Mencionados acordos, que contemplavam elementos indicativos acerca de desvios de dinheiro, foram extremamente úteis para o avanço na apuração dos ilícitos.

Esse razoável êxito foi tributado também ao equilibrado voluntarismo dos integrantes da força-tarefa. Não obstante terem sido alvos de sórdidos ataques por parte do segmento político atingido, os agentes desenvolveram as investigações de forma competente e compromissada com os desígnios da instituição.

Mas é importante ressaltar, como móvel importante para o sucesso da operação, que houve uma intensa mobilização da sociedade londrinense para apoiar a força-tarefa.

Em decorrência dessa operação criou-se o Movimento pela Moralidade que foi alcunhado de Pés Vermelhos, Mãos Limpas. Pés Vermelhos em referência à terra vermelha, uma característica da região e Mãos Limpas, certamente, fazia conexão com a famosa operação de combate à corrupção que ocorreu na Itália, no início da década de 1990. Esse movimento congregava inúmeras entidades da sociedade civil organizada que, mercê de constante mobilização, além de hipotecar apoio à força-tarefa, servindo como escudo às tentativas de enfraquecê-la, atuou também no sentido de cobrar celeridade e resultados na atuação do Judiciário e como instrumento de pressão junto ao legislativo municipal, exigindo a cassação do prefeito.

A força-tarefa, por outro lado, agiu com absoluta transparência na sua comunicação com a sociedade, sem açodamento. Nos moldes que hoje faz a Lava Jato, os promotores de Justiça, a cada procedimento ajuizado, colocavam-se à disposição do Movimento Pés Vermelhos, Mãos Limpas e da imprensa, para os esclarecimentos necessários, indicando os elementos de prova, fato que passou a dar enorme credibilidade a sua atuação.

No início da operação, a própria imprensa local mostrava-se reticente em repercutir as empreitadas investigativas e procedimentos judiciais decorrentes. Mas a mobilização encetada pelo Movimento Pés Vermelhos, Mãos Limpas foi crucial para destravar possíveis resistências, quiçá motivadas por comprometimentos com o *status quo* vigente.

Dessa conjugação de forças — atuação prospectiva do Ministério Público e propulsão moral do Movimento Pés Vermelhos, Mãos Limpas — a operação provocou resultados processuais contundentes. Em sede de ação por improbidade administrativa, houve o afastamento do então prefeito.

No âmbito criminal, houve também a prisão preventiva decretada em desfavor do então prefeito e de outros agentes públicos, seguida, dias depois, de concessão de liberdade pelo Tribunal de Justiça do Estado do Paraná.

Como decorrência de todo o escândalo de corrupção, com dimensão inédita no Estado do Paraná, o então prefeito acabou também cassado pela Câmara de Vereadores do Município de Londrina.

Além do envolvimento do prefeito, secretários e outros agentes públicos, as investigações acabaram detectando também o envolvimento de empresários, dois deputados federais, que tinham base eleitoral no município de Londrina e região, e de um doleiro. O doleiro e um deputado federal seriam, mais tarde, citados em escândalos de corrupção no âmbito nacional.

O doleiro acabou também sendo preso preventivamente naquela operação.

Lamentavelmente, não obstante extenso e meticuloso trabalho desenvolvido pelo Ministério Público, algumas poucas ações foram julgadas. Outras tantas, por incrível que pareça, ainda tramitam na Justiça, sem o veredito final. Na área criminal, por certo, nesta altura, já estarão sendo alcançadas pela prescrição, ou seja, a pluralidade de meios recursais, e o próprio ritmo moroso dos procedimentos judiciais, acabam por beneficiar o infrator.

Embora não se possa comemorar na sua plenitude, a operação desencadeada pelo Ministério Público, com o apoio do Movimento pela Moralidade, certamente acarretou incomensurável benefício material à sociedade londrinense, uma vez que evitou maior dilapidação do dinheiro público.

Além disso, a desarticulação do esquema criou uma atmosfera inóspita para o êxito de novas investidas contra o erário público. Tanto é verdade que, por fatos infinitamente menores que o conhecido rombo detectado no Caso AMA/COMURB, outro prefeito foi cassado em 30 de julho de 2012.

É oportuno registrar também outro fator positivo: o modelo de conjugação de forças entre o Ministério Público e o Movimento pela Moralidade, alcunhado de "Pés Vermelhos, Mãos Limpas!" acabou sendo disseminado em outros municípios do Estado do Paraná, em que se pugnava contra atos de corrupção.

A repercussão dessa operação, pelo *modus operandi* e pela dimensão do rombo que se anunciava, extrapolou as fronteiras de Londrina. Chegou a ser alvo de matéria em jornais de circulação nacional.

Mais do que isso, a operação chamou a atenção da Transparência Brasil — entidade autônoma e independente, compromissada com os desígnios de combate à corrupção — que, após inteirar-se dos detalhes, fez a indicação dessa operação à Transparência Internacional no sentido de concorrer ao Prêmio Integridade 2001, como reconhecimento internacional à eficácia da parceria estabelecida entre um órgão do Estado (Ministério Público) e a sociedade civil organizada para levar à Justiça os acusados de crime de corrupção.

Assim, no dia 7 de outubro de 2001, no Castelo de Praga, durante a cerimônia de inauguração da conferência da Transparência Internacional, congregando representantes de mais cem países, cuja abertura foi feita pelo Presidente da República Tcheca, o Prêmio Integridade 2001 foi concedido à Promotoria de Justiça de Londrina e ao Movimento pela Moralização da Administração Pública de Londrina.

Durante a solenidade, representando a força-tarefa lá estiveram recebendo o prêmio os promotores de justiça Bruno Sérgio Gallati, Cláudio Rubino Zuan Esteves e Solange Novaes da Silva Vicentin.[95] De outro lado, representando o Movimento pela Moralidade, o prêmio foi recebido pelo empresário Valter Orsi.[96]

Ao finalizar este tópico, e para realçar o nível de percepção do Ministério Público nesta área de defesa da probidade administrativa, é oportuno aqui reproduzir que, numa entrevista

---

[95] Esses três promotores de justiça dedicaram-se integralmente à força-tarefa. Numa segunda etapa da operação, dois outros promotores de justiça, Antônio Winkert Souza e Leonir Batisti, passaram a integrar a força-tarefa de forma supletiva.

[96] CESAR, Délio. *A Primavera de Londrina*: O Despertar de Uma Cidade Contra a Corrupção. Londrina: Délio Cesar, Midiograf, 2001, p. 283.

veiculada na revista "ISTO É", no dia 23 de novembro de 2005, o tataraneto de Dom Pedro II e bisneto da Princesa Isabel, o príncipe Dom João de Orleans e Bragança, ao abordar a questão do combate à corrupção, disse que "um dos melhores mecanismos que o Brasil conseguiu na Constituição de 1988 foi o Ministério Público, um dos maiores avanços que o Brasil teve nos últimos 100 anos".

## Investigação da paternidade

Em 1992, uma lei inovadora contemplou o Ministério Público com mais uma sensível e nobre missão, qual seja a de promover a defesa de um interesse individual indisponível.

Trata-se da lei que veio regulamentar a investigação da paternidade de filhos havidos fora do casamento.[97] Dentre os procedimentos estabelecidos na referida lei, tem-se que ao Ministério Público foi conferida a legitimidade, não exclusiva é claro, para propor ação de investigação de paternidade contra o suposto pai nas hipóteses legais.

Assim, se o suposto pai — apontado pela mãe como tal — não comparecer em juízo atendendo à notificação para tanto ou, comparecendo, negar a paternidade, o juiz remeterá os autos do oficioso procedimento de averiguação ao Ministério para que, caso haja elementos suficientes, intente a ação de investigação da paternidade.

Se não houver elementos suficientes, nada impede que o Ministério Público, prossiga diligenciando no âmbito dos

---

[97] BRASIL. *Lei n. 8.560, de 29 de dezembro de 1992.* Regula a investigação de paternidade dos filhos havidos fora do casamento e dá outras providências.

autos de averiguação oficiosa preconizada na lei, ou ainda lançando mão dos demais instrumentos de resolução de conflitos, instaure, por exemplo, um inquérito civil para colher outros elementos sobre a apontada paternidade, podendo inclusive postular a realização de exame de DNA.

Todavia, como expressamente consignado na própria lei, a iniciativa conferida ao Ministério Público não impede a quem tem legítimo interesse de intentar a respectiva ação. Neste caso, o Ministério Público atuará com *custos legis.*

Também será dispensável a iniciativa do Ministério Público se a criança tiver sido encaminhada para a adoção.

Importa acentuar que a conferida legitimidade para a defesa de interesse indisponível, constitui-se em mais um instrumento de acesso à Justiça no sentido de assegurar ao representado a fruição um dos mais dignos direitos da pessoa humana: saber quem é seu pai!

## Defesa da ordem urbanística

Em 2001, foi promulgado o Estatuto da Cidade,[98] que estabeleceu normas de ordem pública e interesse social que regulam o uso da propriedade urbana, em prol do bem coletivo, da segurança e do bem-estar dos cidadãos, bem como do equilíbrio ambiental.

Assim, pela própria amplitude de seu objeto — de ordem pública e interesse social — incidiria a legitimidade do

98 BRASIL. *Lei n. 10.257, de 10 de junho de 2001.* Regulamenta os arts. 182 e 183 da Constituição Federal, estabelece diretrizes gerais da política urbana e dá outras providências.

Ministério Público para a defesa dos valores cardeais ali tutelados. Mas a própria lei tratou de inserir acréscimo à lei da ação civil pública,[99] de modo que, como legitimado concorrente, o Ministério Público passou a ser também defensor da ordem urbanística.

Além do inquérito civil público e da ação civil pública, o Ministério Público pode, para tanto, utilizar-se de todas as demais ferramentas para resolução extrajudicial que lhe são colocados à disposição, tais como requisições, audiências públicas, notificações, recomendações, termos de ajustamento e audiências públicas.

Nesse contexto, é mais uma área sensível que, por vezes, ao promover a defesa do interesse público primário, coloca o Ministério Público em choque com o interesse do administrador público.

Desde então, mais acentuadamente, os agentes do Ministério Público passaram também a promover articulações com outras instituições no sentido de reforçar o trabalho de conscientização ambiental na área urbana, o combate ao parcelamento irregular do solo urbano, preservação de recursos hídricos, impedimento de ligações de redes de esgotos em cursos de águas e praias, ações pleiteando a nulidade de licenças ambientais concedidas; exigências de estudos prévios de impacto de vizinhança; regularização fundiária; proteção de áreas de interesse histórico; preservação de espaços públicos e áreas verdes, programas e projetos habitacionais de interesse social, etc.

---

99 Artigo 53, do Estatuto da Cidade (Lei n. 10.257/01).

De forma específica, o Estatuto da Cidade estabelece como obrigatória a intervenção do Ministério Público na ação de usucapião especial urbana.[100]

## Defesa do idoso

A exemplo do que ocorreu em relação à criança e ao adolescente, e na linha de melhor explicitar o comando constitucional, em 2003 o nosso ordenamento jurídico foi contemplado com o Estatuto do Idoso.[101]

Nesta lei consigna-se, expressamente, as prioridades em relação ao idoso, de forma a assegurar-lhe direito à vida, saúde, alimentação, educação, cultura, cidadania, liberdade, dignidade, ao esporte, lazer, trabalho, e ao respeito e à convivência familiar e comunitária.

Estabelece também, dentre outras, as medidas de proteção a serem aplicadas em caso de ação ou omissão da sociedade ou Estado, ou por falta, ação ou omissão da família, do curador ou da entidade de atendimento, ou em razão da condição pessoal do isso, bem como elenca as infrações administrativas, a forma de apuração judicial de irregularidades em entidades de atendimento.

Ao Ministério Público foram atribuídas relevantes funções na tarefa de promover a defesa dos direitos do idoso.

Conferiu-se à Instituição um capítulo próprio o qual, além das funções e prerrogativas já decorrentes de sua vocação para defesa de direitos coletivos, difusos e individuais indisponíveis e individuais homogêneos, foram estabelecidas

---

[100] Artigo 12, parágrafo 1º, do Estatuto da Cidade (Lei n. 10.257/01).

[101] BRASIL. *Lei n. 10.741 de 1º de outubro de 2003*. Dispõe sobre o Estatuto do Idoso e dá outras providências.

algumas atribuições específicas, tais como: promover e acompanhar ações de alimentos, interdição total ou parcial e oficiar em todos os feitos em que se discutem direitos de idosos em condição de risco; atuar como substituto processual do idoso em situação de risco; promover a revogação de instrumento procuratório nas hipóteses legais estabelecidas no Estatuto; inspecionar as entidades públicas e privadas de atendimento ao idoso e promover as medidas administrativas e judiciais cabíveis; referendar transações envolvendo interesses e direitos de idosos.

Também nesta área, desponta o Ministério Público como um importante ator (guardião) incumbido da nobre missão de zelar pelos interesses e direitos dos idosos. Não é incomum o seu embate exigindo o cumprimento do Estatuto, a fim de garantir alimentação e instalações adequadas nas entidades de atendimento, além da assistência social e à saúde; direito à acessibilidade, transporte gratuito, e de um modo geral, como agente propulsor, estimulando a criação de políticas públicas voltadas para a área.

Nesse sentido, o Conselho Nacional do Ministério Público baixou recentemente uma Resolução dispondo sobre a atuação de seus membros na defesa dos direitos fundamentais das pessoas idosas residentes em instituições de longa permanência.[102] É, dentre tantos outros, um exemplo da importância que se dá à missão do Ministério Público na defesa desse segmento vulnerável.

---

[102] Resolução n. 154, de 13 de dezembro de 2016.

## Lei Maria da Penha

Em 2006, ao ordenamento jurídico brasileiro foi acrescida a denominada Lei Maria da Penha,[103] que criou mecanismos para coibir e prevenir a violência doméstica e familiar contra a mulher. Para efeito da referida lei, considera-se violência doméstica e familiar contra a mulher qualquer ação ou omissão em forma de violência física, violência psicológica, violência sexual, violência patrimonial e violência moral.

Com relação ao Ministério Público, a lei estabelece um capítulo especial em que consigna expressamente que este órgão intervirá, quando não for parte, nas causas cíveis e criminais decorrentes da violência doméstica ou familiar.[104]

Reconhecendo uma vez mais a genuína vocação do Ministério Público para a defesa de pessoas ou segmentos sociais sob alguma vulnerabilidade, conferiu-lhe atribuições extrajudiciais, inclusive pressupondo sua integração operacional com os demais atores sociais envolvidos.

Sem prejuízo das demais atribuições, ao Ministério Público cabe, quando necessário, requisitar força policial e serviços públicos de saúde, de educação, de assistência social e de segurança, entre outros.

---

[103] BRASIL. *Lei n. 11.340 de 7 de agosto de 2006.* Cria mecanismos para coibir a violência doméstica e familiar contra a mulher, nos termos do §8º do art. 226 da Constituição Federal, da Convenção sobre a Eliminação de Todas as Formas de Discriminação contra as Mulheres e da Convenção Interamericana para Prevenir, Punir e Erradicar a Violência contra a Mulher; dispõe sobre a criação dos Juizados de Violência Doméstica e Familiar contra a Mulher; altera o Código de Processo Penal, o Código Penal e a Lei de Execução Penal; e dá outras providências

[104] Artigos 25 e 26 da Lei n. 11.340 de 7 de agosto de 2006.

Foi-lhe também dada a incumbência de exercer a fiscalização dos estabelecimentos públicos ou privados de atendimento à mulher vítima de violência e adotar, de imediato, as providências necessárias para sanar eventuais irregularidades.

Cabe também ao Ministério Público a elaboração de cadastro dos casos de violência a que se refere a lei.

Além dessas atribuições específicas, ao Ministério Público cabe atuar em qualquer que seja o procedimento instaurado. Assim, dentre outros, tem a legitimidade de postular medidas protetivas, de uma forma geral, e especialmente medidas protetivas de urgência, tais como: encaminhamento da ofendida e de seus dependentes para entidades de atendimento; recondução da ofendida e seus dependentes ao domicilio, após a saída do agressor; se for caso, o afastamento da ofendida do lar, sem prejuízo dos direitos correspondentes aos bens, guarda dos filhos e alimentos; separação de corpos.[105]

Pode o Ministério Público postular as medidas de proteção que obrigam o agressor, tais como: suspensão ou restrição à posse de armas; afastamento do lar, domicílio ou local de convivência com a ofendida; proibição de aproximação da ofendida, familiares e testemunhas; proibição de contado com a ofendida, familiares e testemunhas; restrição ou suspensão de visitas aos dependentes menores.[106]

É relevante acentuar que, para garantir a execução de medidas de proteção de urgência, pode o Ministério Público, se for o caso, postular inclusive a prisão preventiva do agressor.[107]

---

[105] Artigos 23 e 24 da Lei n. 11.340 de 7 de agosto de 2006.

[106] Artigo 22 da Lei n. 11.340 de 7 de agosto de 2006.

[107] Artigo 313, inciso III, do Código de Processo Penal.

Em consonância com o comando constitucional, a lei reafirma a legitimidade, concorrente, do Ministério Público na defesa dos interesses e direitos transindividuais pertinentes a essa área de atuação.[108]

No cotidiano de sua atuação nesta área, o agente do Ministério Público defronta-se com questões emocionais impactantes. Não se trata apenas de promover medidas de repressão penal ao agressor. Embora, de regra, os primeiros atendimentos sejam feitos diretamente na Delegacia da Polícia Civil (Delegacia da Mulher, onde houver), não é incomum que a ofendida encaminhe-se diretamente à Promotoria (Promotoria especializada, se houver). Isso ocorre mais acentuadamente nos casos em que o agressor descumpre medidas de proteção de urgência. Nestas circunstâncias, o gabinete da Promotoria serve muitas vezes de divã para lágrimas, confidências e desabafos. Diante da angústia e da dor, dos sentimentos contraditórios (amor e ódio), da desgraça e dos possíveis desdobramentos, do agente do Ministério Público exige-se equilíbrio, paciência e a nobre capacidade de compreender o estado emocional da ofendida, sem negar-lhe gestos de afetividade.

Embora não se possa extrair resultados positivos de todos os atendimentos, a dedicação diuturna dos agentes do Ministério Públicos — aliado aos demais atores sociais — tem evitado desgraças maiores, permitindo, inclusive, o restabelecimento da dignidade da ofendida.

[108] Art. 37 da Lei n. 11.340 de 7 de agosto de 2006.

## Colaboração premiada

O instituto da colaboração premiada, inspirado num modelo de processo penal cooperativo, a par de conferir poderoso instrumento de obtenção de prova, aumenta exponencialmente a responsabilidade do Ministério Público na formulação do acordo.

A colaboração premiada, de forma variada, sem uniformidade, já era esparsamente prevista na legislação brasileira, porém limitava-se a estabelecer benefícios para aqueles réus que viessem a contribuir para elucidação dos ilícitos criminais. Não estabelecia maiores diretrizes de ordem processual e, por isso, era alvo de muitas críticas.

Foi com a chamada Lei de Combate às Organizações Criminosas, sancionada em 2 de agosto de 2013,[109] que a colaboração premiada restou melhor disciplinada e ganhou maior notoriedade, sobretudo em função da Operação Lava Jato.

Neste espaço, não se tem por objetivo analisar com profundidade o instituto da colaboração premiada, mas sim destacar o papel do Ministério Público.

Na linha evolutiva de outros diplomas legais já referenciados, o Ministério Público — como titular da ação penal — passou a ter a legitimidade para realizar os acordos de colaboração premiada com os réus ou investigados.

---

[109] BRASIL. *Lei n. 12.850, de 2 de agosto de 2013*. Define organização criminosa e dispõe sobre a investigação criminal, os meios de obtenção da prova, infrações penais correlatas e o procedimento criminal; altera o Decreto-Lei n. 2.848, de 7 de dezembro de 1940 (Código Penal); revoga a Lei n. 9.034, de 3 de maio de 1995; e dá outras providências.

Assim, incumbe-lhe fazer a interlocução com os réus e investigados para as tratativas de possível acordo de colaboração e, uma vez formalizado, submetê-lo à homologação judicial. A lei estabelece também que o delegado poderá fazer a interlocução e formalizar o acordo, mas com a manifestação do Ministério Público.[110]

Ao Ministério Público cabe o poder discricionário de estabelecer os termos do acordo de colaboração, inclusive os benefícios decorrentes (*v.g.*, redução da pena, substituição da pena privativa de liberdade por restritiva de direitos, progressão regime, perdão judicial, imunidade, além de outros compatíveis com o ordenamento jurídico).

Ao juiz é vedada a participação nas negociações. Cabe-lhe, para efeito de homologar o acordo, verificar os requisitos voluntariedade, regularidade e legalidade. Se não atendidos os requisitos legais, o juiz poderá recusar-se a firmar o ato de homologação ou adequar a proposta de acordo.

Na sentença final, caberá ao juiz analisar a eficácia do acordo de colaboração. De regra, mostrando-se eficaz o acordo, ao juiz caberá conceder os benefícios pactuados. A negativa da validade deste somente poderá ocorrer se houver rescisão do acordo pactuado ou se restar constada a sua ineficácia.

O STF, a propósito do tema, em julgamento que foi concluído no dia 29.06.2017,[111] por maioria, entendeu que o acordo homologado como regular, voluntário e legal, deverá, em

---

[110] Segundo o art. 4º, parágrafo 6º, da lei em referência, o Delegado pode também formalizar o acordo, mas com a manifestação do Ministério Público.

[111] Questão de ordem e agravo regimental na PET 7074.

regra, produzir seus efeitos em face do cumprimento dos deveres assumidos na colaboração, sem prejuízo de que o colegiado possa analisar a questão sob o enfoque do parágrafo 4º, do art. 966, do Código de Processo Civil (atos de disposição de direitos homologados pelo juízo estão sujeitos à anulação nos termos da lei).

Trata-se, sem dúvida, de um poderoso instrumento para a obtenção de provas, que tem se revelado útil e eficaz para a desarticulação do crime organizado.

No âmbito da Lava Jato, graças às colaborações premiadas é que houve a desarticulação do enorme esquema de corrupção que, na essência, envolvia segmentos da classe política e segmentos do grande empresariado.

Embora já de longa data em vigência em outros países, no Brasil, com os contornos delineados pela nova lei, o instituto da colaboração premiada é novo. Está ainda em processo de construção doutrinária e jurisprudencial.

Com relação a alguns benefícios concedidos em sede de colaboração premiada surgiram críticas. Mas, gradativamente, a instituição certamente, com a experiência já obtida na Lava Jato, saberá sopesar o custo e o benefício de cada proposta de cada colaboração. A sociedade brasileira é que será a maior beneficiária.

Na medida que inspirado num modelo de processo penal cooperativo, no qual há mitigação do princípio da obrigatoriedade — concessão, por exemplo, imunidade, deixando-se de oferecer denúncia — aumenta exponencialmente a responsabilidade do Ministério Público.

Por oportuno — na linha da mitigação do princípio da obrigatoriedade —, cabe lembrar que com a promulgação da lei do juizado especial criminal para julgamento e execução das infrações penais de menor potencial ofensivo (contravenção penal ou crimes com pena de privação da liberdade inferior a 2 anos), ao Ministério Público já fora atribuído também o poder de propor a transação penal.[112]

Nesta trilha, estabeleceu-se que havendo representação do ofendido ou sendo o caso de ação pública incondicionada, e não ensejar o arquivamento, pode o agente ministerial, sem instauração do processo, propor a imediata aplicação de penas restritivas de direito ou multa, desde que preenchidos os requisitos legais elencados na lei (não ter sido condenado anteriormente, com sentença definitiva, a pena privativa de liberdade; não ter sido beneficiado anteriormente pela transação, no prazo de 5 anos). Além disso, de forma subjetiva, haverá também uma avaliação quanto aos antecedentes, conduta social e personalidade do agente, motivos e circunstâncias da infração penal.

A transação, que deverá ser homologada pelo juiz, impede que o autor do fato seja considerado reincidente por eventual prática criminosa posterior.

É também oportuno lembrar que, na esfera cível, e como estímulo à resolução de conflitos extrajudiciais, o novo Código de Processo Civil dispõe que o instrumento de transação referendado pelo Ministério Público é considerado título executivo.[113]

---

[112] Artigo 76, da Lei dos Juizados Especiais (Lei n. 9.099/95).

[113] Artigo 784, inciso IV, do Código de Processo Civil (Lei n. 13.105/15).

Registre-se, ainda, que o Conselho Nacional do Ministério Público, por meio de resolução estabelece também a possibilidade de o agente do Ministério Público firmar acordo de não persecução penal nas hipóteses nela elencadas.[114]

[114] Resolução n. 181, de 7 de agosto de 2017, com redação alterada pela Resolução n. 183 de 24 de janeiro de 2018.

# 6

# DEFESA DO MEIO AMBIENTE E DA SAÚDE

No capítulo anterior, em que se apontou para a legislação específica sobre questões diretamente ligadas às funções institucionais, foram também elencados alguns exemplos emblemáticos para se transmitir uma ideia da efetividade das ações realizadas pelo Ministério Público.

Neste capítulo, abordar-se-á de forma exemplificativa, numa visão apenas panorâmica, a atuação do Ministério Público na defesa do meio ambiente e da saúde.

## Defesa do meio ambiente

A legitimação do Ministério Público para a defesa do meio ambiente já tinha sido prevista por legislação que antecedeu a própria Constituição de 1988, e nesta foi sacramentada em abstrato em razão da sua função institucional de promover a defesa de valores sociais, em que se insere a questão do meio ambiente.

De forma específica, ao elencar as funções institucionais, a Constituição de 1988, consignou a missão de promover o inquérito civil e ação civil pública para, dentre outros interesses nomeados, viabilizar a proteção do meio ambiente.[115]

Em breve retrospectiva, tem-se que em 1981, com a promulgação da lei que dispôs sobre a Política Nacional do Meio Ambiente, ao Ministério Público foi conferida legitimidade para propor ação de responsabilidade civil e penal, por danos causados ao meio ambiente.[116] Porém, foi com a promulgação da lei da ação civil pública em 1985, que o Ministério Público — a partir de então melhor instrumentado, inclusive com a legitimidade para instaurar inquérito civil — passou a ter maior desenvoltura na consecução de sua tarefa, cuja dimensão ganhou *status* constitucional a partir de 1988.

No âmbito da repressão criminal aos crimes contra o meio ambiente, cuja ação penal é pública incondicionada, a legitimidade do Ministério Público decorre da própria incumbência constitucional.[117]

Não obstante outros legitimados para tanto no âmbito da ação civil pública — União, Estados e Municípios, empresas da administração pública indireta e associações pertinentes, e mais recentemente a Defensoria Pública — o Ministério Público é que se notabilizou como um protetor atuante. Certamente, isso é reflexo de sua independência funcional.

Desde logo, com tal instrumentação jurídica, começaram a pontificar de norte a sul do país os inquéritos civis e as ações

---

[115] Artigo 129, inciso III, da Constituição Federal de 1988.

[116] Artigo 14, parágrafo 1º, da Lei n. 6.938/81.

[117] Artigo 129, inciso I, da Constituição Federal de 1988.

civis públicas na defesa do meio ambiente, com enorme repercussão na mídia, além, é claro, de ações na esfera penal e de tantas outras iniciativas encetadas pela via administrativa, inclusive Termo de Ajustamento de Conduta (TAC).

Se não for autor da ação civil pública, o Ministério Público deverá intervir como fiscal da lei (*custos legis*). Se algum dos demais legitimados intentar a ação civil pública e, posteriormente, desistir, caberá ao Ministério Público, após juízo quanto à existência de fundamento, assumir a titularidade.

Num primeiro momento, a perplexidade atingiu inclusive o Judiciário, até porque o inquérito civil e a ação civil pública eram novidade no nosso ordenamento jurídico. Alguns juízes mostraram até hesitação na concessão de medidas cautelares para impedir a continuidade de eventual ilícito ambiental. Era compreensível. As demandas colocavam no polo passivo segmentos econômicos, sociais e políticos, com forte poder de reação. As questões postas sob o crivo do Judiciário passaram a ser de alta indagação, sujeitas inclusive a relevantes provas periciais.

Desde então, a contribuição do Ministério Público na defesa do meio ambiente é de valor inestimável. A sociedade brasileira já se acostumou com essa relevante função exercida pelo Ministério Público. Quase que diariamente a imprensa veicula notícias de atuação dos agentes do Ministério Público, desde as mais longínquas comarcas até empreitadas nos grandes centros urbanos.

Como exemplo de grande repercussão, dentre tantos, cabe lembrar a Ação Civil Pública proposta, conjuntamente, pelo Ministério Público Federal e o Ministério Público do Estado do Paraná, em relação um dos maiores desastres ambientais registrados no Brasil.

Em 2001, houve rompimento do oleoduto OLAPA da Petrobras, com o vazamento de aproximadamente 57 mil litros de derivados de petróleo que escorreram pela Serra do Mar, em plena Floresta Atlântica. O desastre ecológico atingiu também os manguezais, várzeas de rios, além das bacias de Antonina e Paranaguá.

Em 2012, depois de intensa batalha judicial, foi entabulado um acordo, devidamente homologado pela Justiça. Pelo acordo, a Petrobras comprometeu-se a pagar todos os custos para recuperação da área atingida, estimada em 12 milhões de reais, e mais 90 milhões de reais a título de compensação pelo desastre ambiental, cujos valores devem ser aplicados em projetos ambientais ou socioambientais no litoral do Estado do Paraná.[118]

Em novembro de 2015, ocorreu o triste acidente na área da mineração brasileira, que ficou também conhecido como a "Tragédia de Mariana". A tragédia aconteceu após o rompimento de uma barragem (Fundão), da mineradora Samarco, controlada pela Vale e pela BHP Billiton, cujos danos ambientais e socioeconômicos foram estimados pelo Ministério Público Federal em torno 155 bilhões de reais.[119]

Embora até o fechamento deste livro (30.09.2018) ainda não exista muito a comemorar, é oportuno salientar a intensa atuação do Ministério Público Federal, do Ministério Público do

---

[118] Autos de Ação Civil Pública sob n. 2002.70.08.000261-1 (Justiça Federal, Seção Judiciária do Paraná, VF de Paranaguá).

[119] Disponível em: <https://oglobo.globo.com/brasil/mpf-pede-155-bilhoes-em-acao-contra-responsaveis-pelo-desastre-de-mariana-19222826>. Acesso em: 03 maio 2016.

Trabalho, dos ministérios públicos estaduais de Minas Gerais e Espírito Santo, aliados a outros órgãos públicos envolvidos, a fim promover a reparação dos danos, além é claro da específica atuação na esfera da responsabilização criminal.

Tão logo noticiou-se o desastre, houve a pronta mobilização do Ministério Público em suas diversas e especializadas frentes. Dada à extensão do dano e sua complexidade, certamente o desfecho final pode ainda se estender por mais tempo.

Todavia, em 25 de junho de 2018, foi entabulado um acordo firmado (Termo de Ajustamento de Conduta), entre o Ministério Público Federal, os ministérios públicos estaduais de Minas Gerais e Espírito Santo, defensorias públicas estaduais e da União, e mais nove órgãos públicos, e de outro lado, as empresas Samarco Mineradora, Vale e BHP Billiton.[120]

Não se trata ainda do acordo final, com os resultados concretos almejados, mas sim, dentre outras medidas, a construção de bases estruturais para garantir a efetiva participação dos atingidos nas decisões atinentes à reparação dos danos; fortalecimento da atuação conjunta e articulada das esferas de governo; estabelecimento de processo de negociação visando eventual repactuação dos programas em curso e mudança do processo de governança para definição e execução de programas, projetos e ações para a integral reparação dos danos.

Para os ministérios públicos e defensorias públicas "trata-se de um passo na luta das instituições na defesa dos atingidos. Com esse acordo, empresas e poder público precisarão

---

120 Disponível em: <http://www.mpf.mp.br/mg/sala-de-imprensa/noticias-mg/tragedia-de-mariana-acordo-muda-governanca-da-fundacao-renova-visando-a-participacao-efetiva-dos-atingidos>. Acesso em: 06 jun.2018.

adequar suas ações observando o direito do atingido ser ouvido e participar das decisões sobre os programas de reparação dos danos pelo maior desastre ambiental do Brasil".

Mas independentemente da extensão do êxito de suas ações, o que cabe ressaltar aqui, por ora, é a relevância de se ter um órgão com independência para promover a defesa dos direitos sociais, sobretudo em casos dessa magnitude, e que seu protagonismo tem se revelado de fundamental importância para tutela de múltiplos direitos atingidos.

## Defesa da saúde

A legitimidade do Ministério Público — além de decorrer do poder-dever geral de tutelar os interesses sociais e individuais indisponíveis, em que se insere a saúde, como já alinhavado nas linhas pregressas[121] — deriva também de seu expresso dever de zelar pelo efetivo respeito dos Poderes Públicos e dos serviços de relevância pública aos direitos assegurados na Constituição.[122]

Repare-se que, especialmente nesse sentido, a Constituição de 1988, ao tratar dessa questão temática, fez por inserir, expressamente, que as ações e serviços de saúde são de relevância pública.[123]

No cotidiano de sua atuação, é especialmente significativa a interação de seus agentes com os demais atores envolvidos na área da saúde, seja participando das reuniões dos conselhos municipais de saúde, das audiências públicas, e até mesmo

---

[121] Artigo 6º e 127 da Constituição Federal de 1988.

[122] Artigo 129, inciso II da Constituição Federal de 1988.

[123] Artigo 197 da Constituição Federal de 1988.

recebendo reclamações sobre eventuais necessidades e/ou irregularidades do sistema de atendimento na saúde.

De uma forma mais efetiva, também não é raro que, como instrumento resolutivo, o Ministério promova recomendações administrativas aos entes estatais diretamente ligadas à gestão do sistema de saúde. Dentre tantos, cita-se alguns exemplos: melhor estruturação do atendimento pelo SUS (ex.: aumento de leitos em UTIs para atendimento neonatal); aprimoramento do sistema de prevenção e controle de doenças endêmicas (ex.: dengue), inclusive com recomendação de concurso público para a contratação de profissionais habilitados para tanto; implantação, em hospitais públicos, de unidades especializadas no tratamento de pessoas vítimas de queimaduras; implantação e efetivo funcionamento de comissões de controle de infecção hospitalar.

Não havendo sucesso por via de recomendação, o agente do Ministério Público, avaliada a gravidade de cada caso, poderá ingressar com a ação civil pública para garantir o efetivo direito fundamental à saúde.

Um exemplo de vital importância, que ilustra bem o protagonismo da instituição, chegou ao STF recentemente. O Ministério Público do Estado do Paraná obteve êxito numa ação civil pública proposta contra o próprio Estado do Paraná.[124]

---

[124] Em sede de Agravo Regimental, o Ministro Celso de Mello negou seguimento ao recurso extraordinário interposto pelo Estado do Paraná contra o acórdão proferido pelo Tribunal de Justiça do Estado do Paraná, por entender que aquela decisão está em sintonia com a diretriz jurisprudencial do STF.

A respectiva ação postulava que, inexistindo leitos vagos para internação de emergência nos hospitais da rede pública, os serviços hospitalares prestados por instituições privadas aos pacientes do SUS — ali internados em razão da inexistência de leitos vagos nos hospitais da rede pública —, deveriam ser custeados pelo Estado do Paraná.

No corpo da decisão emanada do STF — é importante acentuar — o Ministro Celso de Mello registrou, enfaticamente, que:

> **A atuação** do Ministério Público **em defesa** *de direitos e interesses metaindividuais*, **viabilizada**, instrumentalmente, **por meio processual adequado** (a ação civil pública, no caso), **que lhe permite invocar** a tutela jurisdicional **com o objetivo de fazer** com os poderes públicos **respeitem**, em favor da coletividade, *os serviços de relevância pública* (**CF**, art. 129, III), **como se qualificam**, *constitucionalmente*, as ações e serviços de saúde (CF, art. 197), **legitima-se**, *plenamente*, **em decorrência** da condição institucional de '*defensor do povo*' **que é conferida** ao *Parquet* pela própria Constituição da República. (grifos e destaques contidos no original)

Um exemplo paradigmático ligado à área da saúde do trabalhador e que reflete bem a relevância dessa atuação, diz respeito a uma ação civil pública capitaneada pelo Ministério Público do Trabalho, proposta em 2007, em coautoria com algumas entidades associativas ligadas à defesa de interesses dos trabalhadores expostos a substâncias químicas. Foi o rumoroso caso tratado pela mídia como "caso Shell-Basf" em que se alegava que os ex-empregados da fábrica de agrotóxicos no município de Paulínia foram seriamente contaminados. Sustentava-se que centenas de ex-trabalhadores teriam contraído doenças diretamente ligadas à exposição a poluentes disseminados pela fábrica, inclusive com óbitos atingindo dezenas deles.

Estampava-se ali uma empreitada na defesa da saúde do trabalhador (meio ambiente do trabalho), área em que, por envolver uma parte vulnerável, sempre se mostrou sensível à intervenção do Ministério Público.

Depois de tramitar pela primeira e segunda instância, com decisões favoráveis ao pleito coletivo, houve um histórico acordo homologado em 2013 no âmbito do Tribunal Superior do Trabalho.

Como resultado do acordo, as empresas se comprometeram a pagar 200 milhões de reais a título de indenização por danos morais coletivos, cujo valor deveria ser destinado a entidades — com atuação na pesquisa, prevenção e tratamento de trabalhadores portadores de doenças decorrentes de produtos tóxicos —, previamente indicadas pelo Ministério Público do Trabalho.

Como exemplo concreto, cita-se a doação de 70 milhões de reais para projetos do Hospital de Câncer de Barretos, incluindo a construção de um Centro de Pesquisas Moleculares, um Centro de Prevenção do Câncer e cinco carretas de prevenção e educação. Houve também a destinação de 31,5 milhões de reais para a Fundação Área da Saúde de Campinas (FASCAMP), entidade sem fins lucrativos, vinculada à Universidade Estadual de Campinas, para a construção do Instituto de Otorrinolaringologia de Cabeça e Pescoço. Além disso, outros 50 milhões de reais foram destinados a projetos de entidades como o Centro Infantil Boldrini, a Fundacentro, a Universidade Federal da Bahia e a Fraternidade São Francisco de Assis. No caso desta última, os recursos serão destinados para construção de um barco-hospital na Bacia Amazônica.

Para cobrir os danos morais individuais ficou estipulado o valor de 83,5 milhões de reais a serem partilhados entre os ex-trabalhadores atingidos. E, a título de indenização pelos danos materiais, ficou estabelecido o valor de 87,3 milhões de reais.

Ficou ainda garantido o tratamento de saúde vitalício a 1058 pessoas habilitadas no acordo, além de outras que vierem, comprovadamente, necessitar de futuro amparo.[125]

Dentre tantos outros, este é um auspicioso resultado prático que bem demonstra a aptidão do Ministério Público na trilha de ações redentoras e prospectivas na defesa de valores supremos da sociedade.

Um pouco antes da conclusão deste trabalho, mais precisamente no dia 15 de agosto de 2018, o STF, em sede de Recurso Extraordinário sob n. 605533, com repercussão geral, firmou a seguinte tese: "O Ministério Público é parte legítima para ajuizamento de ação civil pública que vise ao fornecimento de remédios a portadores de certa doença".

---

125 MINISTÉRIO PÚBLICO DO TRABALHO – MPT. *Unicamp receberá recurso do caso Shell-Basf para construir unidade de saúde*. Disponível em: <http://radio.mpt.gov.br/wps/portal/portal_mpt/mpt/sala-imprensa/mpt+noticias/77a7b2db-c32d-41b1-961a-73030592ce74>. Acesso em: 30 set. 2018.

Cabe enfatizar que o entendimento do STF, com repercussão geral, é aplicável a todos os casos idênticos em todos os quadrantes do país. Trata-se, sem dúvida, de uma decisão paradigmática que põe fim a uma das investidas emanadas dos executivos estaduais que, reiteradamente vinham colocando objeção à legitimidade do Ministério Público nessa área.

# 7
# PUBLICIDADE E RELAÇÃO COM A IMPRENSA

Derivada da própria Constituição,[126] e na linha da transparência, a publicidade de atos processuais é a regra no regime democrático vigente. Não é, porém, uma garantia absoluta. Cabível é a restrição para garantir a defesa da intimidade do cidadão ou quando o interesse social assim o exigir.

Voltada especificamente à administração pública, a Constituição estabelece, também, dentre outros princípios, a publicidade.[127]

Evidentemente, o Ministério Público, como um órgão do Estado, defensor dos interesses relevantes da sociedade e especialmente defensor do regime democrático, não poderia cumprir sua missão de forma obscura. A publicidade é inerente a sua função institucional.

---

[126] Artigo 5º, inciso LX, da Constituição Federal de 1988.

[127] Art. 37, da Constituição Federal de 1988.

Assim é que a Lei Orgânica Nacional do Ministério Público estabelece expressamente que, no exercício de suas atribuições, a instituição pode dar publicidade aos seus procedimentos administrativos, exceção feita a questões de ordem disciplinar.[128]

Nessa linha, percebem-se, no cotidiano da mídia, notícias dando conta da atuação do Ministério Público. Por sua multifacetada tarefa institucional, como já foi acentuado linhas atrás, sua visibilidade aumentou muito após a Constituição de 1988, mas, sobretudo, a partir da implantação da legislação complementar temática que adveio posteriormente.

Aos poucos, a sociedade passou a melhor assimilar a atuação do Ministério Público em áreas sensíveis. À emblemática função de órgão acusador, somaram-se tantas outras atribuições não menos importantes.

Todavia, ao visitar agora personagens ilustres, com destaque econômico, social ou político, os agentes do Ministério Público passaram também a sofrer públicas objeções e até retaliações.

Críticas contundentes começaram a surgir no sentido de que os agentes estariam muitas vezes exagerando ao tornar públicos seus atos e, assim, obtendo demasiado espaço para os holofotes.

Esporadicamente, é possível vislumbrar alguns exageros ou uma excessiva exposição. Todavia, considerando o universo de milhares de agentes em constantes embates, eventuais excessos são excepcionalíssimos, sobretudo se comparados à dimensão dos acertos e da discrição que normalmente norteiam a comunicação com a imprensa. Não se justificam investidas e

[128] Art. 26, inciso VI, da Lei Orgânica do Ministério Público (Lei n. 8.625/93).

retaliações, inclusive a ponto de dar ensejo à mudança de legislação para impedir a publicidade da missão institucional.

O que não percebem os mesmos críticos — ou sabem, mas, sorrateiramente, fingem desconhecer — é que o interesse na repercussão pela mídia, com razão, é despertado exponencialmente em função da estatura social, política ou econômica do investigado ou denunciado.

Em termos de corrupção, por exemplo, quanto maior for a graduação do agente público, sua projeção política, social ou econômica, maior será a sujeição aos holofotes. Ao eventual exagero na exposição diante desse segmento, segue-se uma estrondosa reação.

Enquanto a publicidade ficava restrita ao segmento estigmatizado da criminalidade praticada no andar de baixo, não havia reação tão contundente. Os contumazes praticantes de furtos, roubos, latrocínio, ou de crimes de sangue, continuam sendo expostos, até mesmo com filmagens ou fotos extremamente constrangedoras.

A interação com a mídia não é uma tarefa fácil. Eventual deslize nesse processo de comunicação acaba por trazer dissabores à instituição e seus agentes.

Num constante esforço de aprimoramento institucional, é voz corrente no âmbito interno do Ministério Público que a publicidade deve ser contida, discreta, limitando-se a esclarecer, de forma técnica — ainda que numa linguagem mais acessível — as ações institucionais.

Não é incomum que os agentes do Ministério Público, ao serem abordados para esclarecimentos de operações, se mostrem reticentes nas suas informações, justamente porque há ainda em andamento a coleta de provas. Por vezes, são criticados porque sua comunicação é obscura.

É preciso sim — e a rigor nem seria preciso salientar — que a comunicação social seja pautada pelo equilíbrio, visando esclarecer à sociedade sobre a importância e o alcance de suas ações.

O grande desafio é conseguir uma interação equilibrada num universo de milhares de agentes, com peculiaridades pessoais distintas, e que agem com a independência funcional.

No âmbito interno, as respectivas corregedorias acabam até expedindo recomendações, visando estabelecer uma linha de conduta.

Nesse sentido, a recomendação é de que a interlocução deve sempre ser marcada pela prudência e serenidade.

A publicidade deve se restringir a providências já realizadas, ou possíveis legalmente de serem efetivadas, evitando-se a emissão de juízos sobre fatos pendentes de apreciação judicial ou sobre fatos estranhos à missão institucional.

Por noção elementar e até por imposição de ordem legal, o agente não deve jamais revelar fatos guardados sob sigilo ou que possam de alguma forma prejudicar o andamento de investigações pendentes.

Eventual conduta voluntarista desregrada na comunicação social, a par de trazer aborrecimentos e constrangimentos ao próprio agente, acaba por atingir a imagem da própria Instituição, muitas vezes criticada aos quatro ventos. São recorrentes as retaliações e as iniciativas para desqualificá-la.

Os agentes do Ministério Público, por lidar com questões sensíveis, cuja divulgação pública é extremamente dolorosa, colocando em jogo a liberdade e os valores mais caros da dignidade humana, dispõem de reduzida margem de erro na sua conduta pública. Por isso, devem redobrar os cuidados no âmbito de sua atuação profissional e também na interlocução com a mídia. Não há espaço para exibicionismo nessa seara.

A linha de equilíbrio de sua atuação e interação com a mídia é tênue. Mas não se conte com essa compreensão para amenizar eventual deslize. A mesma mídia que enaltece os agentes ministeriais pode, a qualquer vacilo, submetê-los a constrangimentos indesejáveis.

A adoção de entrevistas coletivas pode ser considerada como um modelo recomendável. Isto evita eventual direcionamento de informações privilegiadas a determinado órgão da imprensa.

Ademais, em casos complexos em que há atuação de diversos agentes, o recomendável é que o protagonismo nas entrevistas seja distribuído entre os que estão diretamente ligados à questão divulgada. Essa estratégia evita a centralização e a exposição excessiva de determinado agente.

Na conhecida Operação Lava Jato, os agentes do Ministério Público, da Polícia Federal e da Receita Federal, adotaram a estratégia de entrevistas coletivas. Cada agente, na extensão de suas atribuições, traz as informações sobre determinada operação já desencadeada. Mesmo assim agindo, procurando uma interação serena e prudente, limitando-se a verbalizar de forma objetiva sobre ações já desencadeadas e resultados já alcançados, a Operação Lava Jato sofreu críticas, alguns a taxando de "espetáculo midiático". Essas críticas, no entanto, certamente partiram de pessoas ou segmentos atingidos pelas ações da Lava Jato.

Assim, o agente do Ministério Público, ao transitar sobre uma linha tênue, acaba por vezes ficando em situação difícil. Se ele atua de forma muito reservada, avesso à divulgação e interação com mídia — e há tantos quantos agentes que não se sentem confortáveis para tanto — sofre críticas de que não age de forma transparente. Se, ao contrário, age com total transparência e concede entrevistas coletivas ou fornece detalhes em entrevistas individuais, é acusado de "midiático".

Quando há agentes políticos como alvos da investigação, ocorre muitas vezes um intenso jogo de interesse político. Muitos colunistas da mídia, com notória tendência ideológica, sobretudo com maior intensidade nos "blogs", sem o preciso conhecimento jurídico quanto aos procedimentos processuais, acabam por emitir juízos equivocados, os quais servem ora para enaltecer, ora para enfraquecer os agentes públicos envolvidos na repressão dos atos ilícitos.

Sob esse tiroteio ideológico, sem qualquer apreço pela neutralidade, ficam expostos os agentes do Ministério Público, assim como os demais atores, sejam eles da Polícia Federal, da Receita Federal e do próprio Judiciário.

A sociedade deve, pois, ficar atenta e não se deixar impressionar pela crítica fácil e oportunista. Sopesar a origem e a qualificação da fonte é, hoje, mais do nunca, um exercício de cidadania para uma correta aferição dos fatos.

# 8
# ATAQUES E RETALIAÇÕES – REAÇÕES NADA REPUBLICANAS

> Em toda parte há quem se empenhe na manutenção dos *status quo*. Jamais dirão que o que desejam é manter a seletividade penal e a intocabilidade dos poderosos, até porque sequer têm consciência de que agem impregnados pela identificação que mantêm com a parcela mais poderosa da população [...]. O discurso continuísta vem sempre escamoteado. Ergue-se a bandeira da democracia e dos direitos e garantias individuais. Tomam-se algumas falhas ou desencontros e por meio de hipérboles tentam fazer crer que uma nova ordem está se instaurando e é perigosa para as garantias individuais. Sem desconsiderar e renunciar ao dever que incumbe ao Poder Judiciário de coarctar abusos, creio que devamos estar atentos para não nos deixarmos seduzir por argumentos *ad terrorem*.[129]

---

[129] Trecho de manifestação do Ministro do STF Luiz Edson Fachin, no dia 12.06.2018, em julgamento da ADPF 395 e ADPF 444 (constitucionalidade da medida de condução coercitiva), quando referia-se a riscos de retrocesso na persecução penal.

Passada a euforia que inspirou a Constituição, que ainda estimulou os primeiros anos subsequentes, não foram poucas as investidas no sentido de retaliar e amesquinhar o Ministério Público, inclusive para reduzir garantias e prerrogativas diretamente vinculadas ao exercício do cargo. É preciso enfatizar que as garantias e prerrogativas estipuladas na Constituição e nas leis infraconstitucionais, longe de se constituírem privilégios pessoais, justificam-se em razão da relevância das funções atribuídas ao Ministério Público.

Paradoxalmente, sua operosa ação visitando feudos e redutos de alguma forma tradicionalmente fortalecidos — e que se julgavam inatingíveis — passou a despertar reações nada republicanas.

Assim, no plano pessoal dos investigados e denunciados com trânsito na política, passou a ser lugar comum toda a sorte de ataques no sentido de constranger os agentes do Ministério Público.

A primeira reação, de forma geral e recorrente, é alardear que se trata de perseguição política. O agente do Ministério Público estaria conluiado com outra facção política, ou então é a de que o agente quer ganhar notoriedade para fins de futura disputa política.

Se o caso é de grande repercussão, é também lugar comum se propagar, como forma de proteção, que o objetivo é criminalizar a política.

Alegar em juízo a suspeição também é uma prática usual. Ainda que não haja motivo justificável para tanto, costuma-se utilizar essa tática desleal, mesmo que seja só para causar incômodos aos agentes do Ministério Público.

O segundo passo — seja da seara política ou de segmento social ou econômico de relevância —, é buscar nos escaninhos da vida profissional ou particular pregressa alguns fatos que possam eventualmente desaboná-los. E, nessa linha, qualquer pequeno deslize é exponencialmente explorado.

Costuma-se, igualmente, criticar o *timing* da publicidade de eventual investigação ou da propositura das medidas judiciais, especialmente quando se trata de questões no âmbito criminal ou de improbidade administrativa. O mote é dizer: por que agora, nas proximidades das eleições?

Neste cenário, os agentes do Ministério Público ficam sempre sob o fogo cruzado. Se eles agem nas proximidades das eleições, sofrem a crítica de que estariam atendendo a interesses de outra facção. Agora, imagine se, havendo elementos indiciários suficientes, tais agentes deixarem de agir levando em consideração as eleições próximas. Certamente estariam sujeitos também à crítica de que a intenção seria proteger certo candidato ou partido político, supostamente envolvido em ilícito. Não seria pior?

O cálculo político é diferente do cálculo jurídico. Tais ataques são deliberadamente feitos com intenção de confundir a opinião pública, turvando o cenário das investigações.

As reações assim empreendidas representam a denominada técnica de neutralização, que visa ocultar, dissimular ou justificar certas práticas ilícitas, desviando o foco, de forma sutil.

Como já disse linhas atrás, e será adiante objeto de análise em tópico próprio, a atuação dos membros do Ministério Público é vinculada a uma série de normas legais de ordem processual, além de normas específicas que norteiam a sua missão institucional. Não há poder discricionário aberto. Há normas que regem a coleta de provas, a propositura de ações e instrução processual na via judicial.

Há um sistema de pesos e contrapesos, conforme já aludido, que impede a consagração do *animus* de perseguição. O Ministério Público não pode também escolher processar este ou aquele. Há balizamentos legais muito claros nesse sentido.

De regra, não procedem as críticas sobre o *timing*. O tempo jurídico não pode ficar à mercê da conveniência do tempo político.

Os operadores do direito que atuam no meio forense sabem muito bem que não existe o *timing* sem elementos suficientes para o início da investigação ou propositura da ação. O que pode ocorrer é que, coincidentemente nas proximidades das eleições — e há eleições a cada dois anos — a apuração da investigação é concluída, seja pelos órgãos policiais, ou pelo próprio Ministério Público em sede de inquérito civil, e o material colhido apresenta-se com elementos suficientes para a adoção de medidas judiciais apropriadas.

Não se descarta que eventualmente determinado fato tido como ilícito seja levado às autoridades de controle de forma oportunista. Estrategicamente, é comum que opositores políticos assim procedam nas proximidades das eleições. E as autoridades, por imposição de ofício, havendo fundados elementos indiciários, devem iniciar as investigações no *timing* provocado.

Críticas também costumam surgir no sentido de que há exageros e abusos nas operações encetadas. Em alguns casos, tais críticas ocorrem de forma orquestrada, repetidamente feita através colunistas e de *blogs* ideologicamente comprometidos e, por isso, ganham certo relevo, constituindo-se em ameaça ao êxito da missão investigativa.

Claro que há também críticas razoáveis e que merecem acolhimento. Mas o problema que incomoda reside na hipótese de críticas aleatórias, muitas vezes feitas por pessoas sem conhecimento técnico sobre os desdobramentos judiciais.

*Blogs*, colunistas, e outros comunicadores, seja da direita, do centro ou da esquerda, na medida que são movidos por interesses sectários, costumam também propagar a ideia de que "isso tudo é falso moralismo" ou "é puro messianismo", "querem ser os salvadores da pátria", "querem criar um Estado policialesco". Mas, por vezes, vão além disso: tentam estigmatizar tais agentes até por sua preferência religiosa, orientação sexual, como se isso tivesse uma vinculação direta com sua conduta profissional.

Com relação à denominada Operação Lava Jato, assim que as investigações foram alcançando alvos de diversos partidos, aumentaram as vozes fazendo um inusitado alarde. Dizem alguns, de forma absurda e completamente destemperada, que a Lava Jato faz mal à democracia.

É importante ressaltar, neste passo, que — já não bastassem as fortes reações dos advogados de alta patente em função da clientela especial — as análises e críticas, seja na imprensa ou nas redes sociais, surgem muitas vezes de pessoas de todas as vertentes profissionais. Assim, por exemplo, não é incomum que, sob sua ótica, economistas detentores de espaço mídia venham a fazer análises contextuais, sem o conhecimento sobre as peculiaridades técnicas que orientam as investigações e o trâmite processual perante o Poder Judiciário.

Ao revelar o esquema de compadrio entre o poder econômico, via empresários, e o poder político, através dos partidos e agentes políticos, a Lava Jato desnudou um poderoso esquema de fraude eleitoral.

Além de apontar o desequilíbrio econômico nas eleições, as colaborações premiadas que vieram à tona revelaram também a prática de se produzir legislação de encomenda para beneficiar empresas.

Desse modo, bem ao contrário, tais práticas é que facilitam a corrosão das estruturas do Estado, abalam a legitimidade das instituições, subvertem os valores morais, afetam a confiança, estabelecendo na sociedade uma base minada, com evidente prejuízo ao desenvolvimento de um genuíno estado democrático.

Não se pode esquecer que o Ministério Público agiu e ainda age inspirado no poder-dever de atuar no combate à corrupção como proteção ao patrimônio público, na repressão à criminalidade, e, também, na defesa do regime democrático. Não se trata de opção facultativa, sob a vontade livre de seus agentes.

Com ressalva aos agentes políticos estadistas, aos quais se deve a formatação constitucional e a defesa permanente do Ministério Público, a impressão que se tem é que parte desse segmento, acostumado a uma prática ilegal já incorporada ao longo do tempo, reage como se já tivesse direito adquirido, visando, desesperadamente, manter o domínio.

É interessante anotar que, a propósito da famosa Operação Mãos Limpas, na Itália, que ocorreu no início da década de 1990, as reações foram semelhantes. Lá, como aqui, os políticos alvos propagavam: "querem criminalizar a política"; "tudo não passa de perseguição política".[130]

Além do mais, também na Itália tentavam, de todas as formas, atingir os agentes públicos envolvidos na investigação, buscando constrangê-los e enfraquecer a operação.

Sob outro ângulo podem eventualmente ocorrer exageros e eventuais abusos. Mas não se pode esquecer que os agentes envolvidos na operação, com maior destaque para agentes policiais, sujeitos a um enfrentamento direto seja na busca e apreensão da prova em residências e escritórios, seja na condução coercitiva, na prisão em flagrante, na prisão temporária ou preventiva, ou prisão definitiva, não irão entregar flores e, também, não as receberão.

O trabalho operacional é desenvolvido sob grande tensão. A busca da verdade confronta-se com a malícia, a dissimulação, a mentira, a vitimização, o jogo rasteiro, a falta de escrúpulo, a matreirice, enfim toda a sorte de "esperteza" para enganar, esconder ou escamotear a realidade. Não se está diante de uma criminalidade de bagatela ou convencional, própria dos grupos sociais debilitados. Aqui o crime é praticado entre paredes, com linguagem cifrada, em ambiente profissional sofisticado, ou através de interpostas pessoas (laranjas, doleiros), em restaurantes e hotéis de ponta.

---

[130] A propósito, para uma comparação completa, conferir: CHEMIN, Rodrigo. *Mãos Limpas e Lava Jato* – A corrupção se olha no espelho. Porto Alegre: Citadel, 2017.

Some-se a isso tudo, o fato de que o delinquente de "colarinho-branco", sem limite ético, não se considera criminoso. No máximo admite ser eventual violador da lei.[131]

O professor de Harvard, Eugene Soltes,[132] que fez um estudo sobre o criminoso de "colarinho-branco", afirmou em entrevista à revista *Veja*,[133] que esse tipo de delinquente "não sente remorso porque não consegue personificar o indivíduo que está lesando. A vítima, em geral, está fisicamente distante, o que não ocorre em casos de assassinato ou roubo"; "muitos relataram que não enxergavam o ilícito cometido porque apenas seguiam as regras do jogo, ou simplesmente ajudavam as empresas a aumentar seus lucros".

Ainda na mesma entrevista, o citado professor afirmou que "os políticos têm de entender que, por serem os responsáveis pela lei e por serem homens públicos, seu senso de responsabilidade deve ser muito maior do que o do cidadão comum".

De fato, o Estado moderno não mais é compatível com o vetusto princípio da irresponsabilidade que vigia nos governos monárquicos. Nesse ultrapassado tempo, era forte a crença de que os monarcas exerciam o poder ungidos por Deus e, ao sabor das conveniências, suas decisões políticas sobrepunham-se às leis. Ao que parece, parte do segmento político ainda quer

---

131 Conforme Sutherland, *apud* FELDENS, Luciano. *Tutela Penal de Interesses Difusos e Crimes do Colarinho Branco*. Porto Alegre: Livraria do Advogado, 2002, p. 138-139.

132 Autor do livro "Why They do it: Inside the Mind of the White-Collar Criminal" (*Por que Eles Fazem Isso*: por Dentro da Mente do Criminoso do Colarinho-Branco).

133 *Como nasce um corruptor*. VEJA. Edição 2.537, de 5 de julho de 2017. Disponível em: <https://veja.abril.com.br/revista-veja/como-nasce-um-corruptor/>.

resistir, sobretudo em sociedades ainda não bem evoluídas no plano civilizatório.

Alguém já disse que a corrupção é um polvo que asfixia a nação. O interessante é que, metaforicamente, o polvo é um predador que tem peculiaridades próprias semelhantes aos que transitam no submundo do crime de "colarinho-branco".

Eles possuem tentáculos (braços fortes) para dominar suas presas (capturar órgãos do Estado). Para auxiliar na caça de suas presas, são providos de visão binocular (*expertise* na relação pública/privada). Como meio de defesa, o polvo tem a capacidade de largar uma tinta (dissimulação, camuflagem), que o ajuda a fugir ou dificultar a ação dos seus predadores (investigadores).

Sua capacidade de mudança de cor serve também para alertar os demais polvos sobre o perigo de ataques. Algumas espécies, pela alta flexibilidade, têm a capacidade de mudança de coloração a fim de imitar animais perigosos (sem remorso, ao invés de constrangidos, delinquentes reagem como leões).

Dentre os invertebrados, o polvo possui neurônios mais desenvolvidos. Sua inteligência teria sido desenvolvida por necessidade de sobrevivência.[134]

Assim, com essa matéria-prima e nesse cenário nebuloso, especialmente nas operações investigativas que abrangem um número muito grande de envolvidos, múltiplos modos de agir e extenso material probatório a coletar, eventuais irregularidades podem ocorrer. Claro, é preciso sempre rever procedimentos e adotar mecanismo de correção para evitar reiteração

---

134 WIKIPEDIA. Verbete Polvo. Disponível em: <https://pt.wikipedia.org/wiki/Polvo#Intelig.C3.AAncia>. Acesso em: 05 jul. 2017.

futura, sem deixar de aplicar no presente, se cabível, a repressão adequada.

Todavia, é oportuno acentuar que eventual desacerto, por menor que seja, ganha exponencial reação por parte dos investigados e réus. É também um artifício da técnica de neutralização.

Numa inversão de valores, aqueles que, sem escrúpulos, e sem o menor apreço às normas legais, são flagrados pelo cometimento reiterado de ilícitos criminais, agora levantam a espada e transmudam-se em defensores da estrita legalidade.

Tudo será examinado com lupa. E a menor falha ganhará enorme dimensão, visando buscar a nulidade processual em razão de filigranas jurídicas: o corpo podre do elefante passa, mas o seu rabinho arranhado não!

Empurrar a roda da civilização não é uma operação suave, linear, sem obstáculos ou incidentes. Neste conflituoso contexto, alguns acabam por sofrer abalo injusto. É o chamado custo social.

Entretanto, além do ataque individual dirigido aos agentes envolvidos nas ações investigativas e de repressão, é lugar comum também a realização de manobras legislativas que têm por objetivo enfraquecer as instituições, a exemplo do que já se tentou fazer e ainda se constitui em ameaça permanente ao Ministério Público.

Tão logo proliferaram as ações por improbidade administrativa manejadas pelo Ministério Público, colocando no polo passivo alguns políticos, ato contínuo começaram a surgir reações. Parece que a visibilidade da instituição nessa área passou a incomodar certo segmento da política nacional.

Nas linhas seguintes, a título de ilustração, relembram-se algumas investidas.

Já na discussão sobre a reforma do Judiciário,[135] concluída em 2000, cogitava-se inserir um dispositivo legal na própria Constituição, visando coibir que agentes do Ministério Público, e juízes, pudessem divulgar, aos meios de comunicação, fatos ou informações de seu conhecimento, em razão do cargo.

A proposta de redação do dispositivo era de forma tão abrangente que podia colocar agentes do Ministério Público e juízes numa situação muito difícil em matéria de divulgação. Por isso, muito se falou na época que, na verdade, pretendia-se estabelecer uma verdadeira "mordaça".

Felizmente, diante da grande mobilização das associações de classe, da própria sociedade, com amparo também na mídia, e graças à interlocução de parlamentares então alinhados com os desígnios da instituição, essa proposta foi rechaçada.

Ainda no ano de 2000, foi editada uma Medida Provisória,[136] que, felizmente, não foi transformada em lei. Pretendia-se ali introduzir alterações na Lei da Improbidade Administrativa que serviriam apenas para reduzir sua eficácia e, de certa forma, imobilizar a atuação investigativa dos órgãos de controle da corrupção.

Pasmem! Uma das propostas era estabelecer na lei o instituto da reconvenção, ou seja, o réu numa ação de improbidade administrativa poderia, na contestação, ou em ação autônoma, suscitar a improbidade do proponente da ação.

Assim, o agente do Ministério Público, ou ainda o representante legal da entidade legitimada para tanto, ficariam sujeitos

---

[135] Objeto da Emenda Constitucional n. 45/2004.

[136] Medida Provisória n. 2.088-35, de 27 de dezembro de 2000.

a responderem, concomitantemente ao réu, a uma ação de improbidade.

Não é difícil imaginar que, estando no polo passivo pessoas de forte poder político e econômico, invariavelmente os membros do Ministério Público e de outros legitimados ficariam sob constante ameaça. O objetivo era reduzir drasticamente o protagonismo nas investigações dessa área.

Além disso, propunha-se um dispositivo possibilitando que, na hipótese de ações julgadas manifestamente improcedentes, tais agentes ficariam sujeitos a pagar uma vultosa multa. Era mais uma camisa de força.

Não cessavam as tentativas de reduzir a eficácia da lei e, ao mesmo tempo, dificultar a atuação dos órgãos de controle, especialmente a desenvoltura do Ministério Público.

Em 2001, introduziu-se na Lei de Improbidade Administrativa uma espécie de defesa prévia. Antes da citação, o réu deve ser notificado para apresentar sua defesa. Somente depois da manifestação do réu, se não for o caso de rejeição imediata, é que se fará a citação.

Em 2002, mais precisamente nas vésperas do Natal, foi editada uma lei que estendia o foro por prerrogativa de função também para as ações de improbidade administrativa.

Assim, as autoridades, a exemplo do que ocorre na seara criminal, passariam a ter foro especial também em matéria de improbidade administrativa. Essa medida vinha na contramão da efetividade da lei.

As centenas, senão milhares de ações de improbidade em trâmite nas instâncias iniciais — a cargo de centenas de promotores de Justiça, procuradores da República e juízes —, seriam deslocadas para os tribunais (TJ, STJ, STF), os quais, como é público e notório, não têm estrutura voltada para a instrução processual.

Mas essa lei, felizmente, também não vingou. Em setembro de 2005, o STF julgou procedente a ação direta de inconstitucionalidade, proposta pela Associação Nacional do Ministério Público (CONAMP).[137]

Mais tarde, já em 2007, nova investida legislativa voltaria a ameaçar a atuação dos agentes do Ministério Público.[138]

Esse projeto de lei, que ficou conhecido na mídia como "lei da mordaça", tinha a pretensão de inserir modificação na Lei da Ação Popular, Lei da Ação Civil Pública e Lei de Improbidade Administrativa.

A justificativa do projeto alinhava-se no suposto fato de que tais instrumentos vinham sendo utilizados de forma deturpada, com intenção política de atingir o administrador público e para atrair os holofotes.

Pretendia-se estipular que, se julgada ação manifestamente temerária ou comprovada má-fé, finalidade de promoção pessoal ou perseguição política, haveria condenação dos autores (representantes legais das entidades legitimadas ou membros do Ministério Público) no pagamento de custas, honorários advocatícios, danos materiais, morais e à imagem do acusado.

---

[137] SUPREMO TRIBUNAL FEDERAL – STF. Ação Direta de Inconstitucionalidade n. 2.797. *Diário de Justiça* 19/12/2006. <http://www2.stf.jus.br/portalStfInternacional/cms/verConteudo.php?sigla=portalStfJurisprudencia_pt_br&idConteudo=184809&modo=cms)>. Acesso em: 03 jul. 2017.

[138] Projeto de Lei n. 265/2077, de autoria do deputado Paulo Maluf.

Também propunha a inserção de tipo criminal para a hipótese em que o agente autor da ação sabe ser inocente o acusado ou propor ação manifestamente temerária.

Assim, utilizando-se de redação aberta, suscetível a interpretações subjetivas, estampava-se o nítido propósito de intimidar e enfraquecer especialmente os agentes do Ministério Público, os quais vinham ganhando notoriedade.

Forte reação institucional, acompanhada de importante apoio da imprensa proativa, acabou por desestimular a aprovação do projeto legislativo. A votação foi suspensa. Mas permanece a ameaça. Referendado por outros parlamentares, já se requereu, tempos atrás, o regime de urgência.

Questão emblemática, que causou enorme repercussão, foi a tentativa de aprovação da PEC 37, cuja intenção era estabelecer a exclusividade de investigações criminais à Policia Federal e à polícia civil estadual, em razão da competência de cada qual.

A pergunta irônica que se fazia então era: a quem interessa reduzir o poder de investigação, retirando do Ministério Público essa prerrogativa, exatamente quando, no mundo moderno, aprimora-se a criminalidade organizada? Que tanto mal teria causado à sociedade brasileira essa instituição, agora sob o foco de ataques?

Por outro lado, a tentativa de afastar o Ministério Público soa muito estranha, justamente nesta quadra histórica em que, para combater o crime do "colarinho-branco" é necessária atuação conjunta com os demais órgãos de controle — Polícia Judiciária, Receita Federal, Tribunal de Contas, Controladoria.

O corporativismo, muitas vezes marcado por interesses classistas, distante de valores supremos do Estado, há de ceder terreno para uma atuação prospectiva.

Especialmente no combate aos crimes complexos, com o envolvimento de forças poderosas, não há espaço para uma atuação enclausurada. O êxito estará, de regra, na dependência da conjugação de esforços, da experiência e das habilidades próprias de cada segmento.

Nem a Polícia Federal, nem o Ministério Público Federal, numa atuação isolada, teriam obtido, por exemplo, os resultados da Lava Jato, e de tantas outras operações de sucesso.

A intensa mobilização institucional, uma vez mais apoiada pela mídia, sensibilizou a sociedade. Durante o ano de 2013, quando houve grande mobilização da população, inclusive com movimentos de rua, dentre outras pautas, uma das bandeiras era apoiar a prerrogativa de investigações por parte do Ministério Público e, obviamente, rechaçar a aprovação da PEC 37.

Não foi vitória do Ministério Público. Ganhou a sociedade. No dia 25 de junho de 2013, a Câmara, por esmagadora maioria dos parlamentares, determinou o arquivamento daquela emenda constitucional.

No final do mês de março de 2016, embalada pelo sucesso da Operação Lava Jato, e fruto de uma iniciativa do Ministério Público Federal, apoiada por mais mil entidades da sociedade civil, e coletada mais de dois milhões de assinaturas, foi protocolada na Câmara dos Deputados o projeto de lei de iniciativa popular, denominada "10 Medidas Contra a Corrupção".

Em razão do sentimento de esperança criado pela Operação Lava Jato — que, segundo seu coordenador Deltan Dallagnol, criava uma janela de oportunidade para o efetivo combate à corrupção — havia a crença dos procuradores da República, como também de boa parte da sociedade brasileira, de que o projeto tinha condições de ser aprovado.

Evidentemente, em ambiente legislativo apropriado, não se descartava possíveis modificações, até eventuais supressões no texto original, sobretudo em algumas questões mais polêmicas. Lamentavelmente, no entanto, na madrugada do dia 30 de novembro de 2016, em sessão da Câmara dos Deputados, ocorreu um ataque sórdido à aspiração da sociedade.

Além de "estraçalharem"[139] o texto das 10 medidas propostas, com supressões e modificações significativas,[140] a desmedida reação da maioria dos parlamentares veio em forma de um abuso legislativo, ou seja, fizeram inserir matéria estranha no texto. Bem ao contrário do sentido das 10 medidas, introduziram tipos penais concernentes a abuso de autoridade com endereço certo para punir juízes, promotores de Justiça, procuradores da República, delegados e agentes policiais.

Era espantosa a reação. O projeto de lei de iniciativa popular que tinha um objetivo de melhor prevenir, reduzir e punir a macrocriminalidade teve efeito bumerangue: voltava-se contra os agentes de controle. Ressuscitava-se, pelo menos em parte, o antigo projeto de lei conhecido como "Lei da Mordaça".

De parte dos agentes políticos ferrenhos defensores das novas regras do abuso de autoridade, eram citados, como justificativa, alguns episódios que, em algum momento, ganharam

---

[139] Expressão utilizada por GOMES, Luiz Flávio. *O Jogo Sujo da Corrupção*. São Paulo: Astral Cultural, 2017, p. 199.

[140] Dentre as 12 medidas aprovadas pela Comissão Especial, 7 foram completamente rejeitadas e as 5 restantes foram bastante esvaziadas, conforme DALLAGNOL, Deltan. *A Luta Contra a Corrupção*. Rio de Janeiro: Primeira Pessoa, 2017, p. 242.

notoriedade nacional, tal como o caso de uma juíza do Pará que teria determinado a prisão de menina numa cela juntamente com presos do sexo masculino.

Evidente que, se confirmada essa conduta, tal como a imprensa noticiara, o caso seria mesmo de extremo abuso de autoridade. E entre operadores do direito, sejam juízes ou promotores de Justiça ou advogados, ninguém ousaria referendar tal conduta.

Mas, para efeito de legislar — como de resto para elaborar qualquer projeto no cotidiano das relações sociais — não se pode raciocinar por exceções. Os exemplos verbalizados, tidos como paradigmas de condutas inapropriadas, se constituem em fatos isolados, excepcionalíssimos, que, mais do que evidenciarem prática contumaz, estariam a revelar autoritarismo ou desequilíbrio pessoal, passível sim da mais veemente reprovação, mas que não reflete aquilo que ordinariamente acontece nas lides forenses. E, para tais abusos, independentemente de nova legislação, há mecanismos de controle e repressão no sistema legal vigente, como será melhor abordado em outro tópico.

Não se discute a necessidade de atualização da lei de abuso de autoridade em vigor desde 1965 — fato claramente admitido entre os juízes e membros do Ministério Público. Todavia, em razão das circunstâncias em que se operou a estranha inversão legislativa (momento, forma e conteúdo), instalou-se um clima de desconfiança, o que provocou a reação indignada dos órgãos de controle da criminalidade, e da própria sociedade.

A inserção de abuso de autoridade na pauta — e, paradoxalmente, num texto que visava reforçar os mecanismos de controle e repressão à corrupção — se dava justamente no momento em que a Operação Lava Jato encetava investigações envolvendo integrantes de segmentos partidários com foro privilegiado.

A proposta legislativa alargava sobremaneira as condutas tidas como abuso de autoridade. Condutas que, até então, eram consideradas infrações disciplinares e já constavam das leis orgânicas do Ministério Público e da Magistratura, passariam, com o novo texto, a constituir crime. Mais preocupantes ainda, contrariando a técnica legislativa que pressupõe descrição objetiva e precisa, eram proposições de tipos penais abertos, suscetíveis de alargamento interpretativo.

Até a data de encerramento deste estudo, o projeto de lei anticorrupção, completamente desfigurado, com a inserção de tipos penais de abuso, ainda se encontrava paralisado na Câmara de Deputados.

No início do ano de 2017, o Senado, que já tinha esboçado também um texto de lei de abuso de autoridade, voltou fortemente à carga. Numa determinada disposição de aprovar o texto, em regime de urgência, no dia 26 de abril de 2017, foi aprovada uma nova lei.[141] Remetido o projeto à Câmara dos Deputados, até 30.09.2018, ainda não tinha sido apreciado.

Tal como em relação ao projeto de lei que tramita pela Câmara, houve forte indignação por parte dos órgãos de controle e repressão. Especialmente aos olhos do Ministério Público e do Judiciário, o texto, com alguns exageros e tipos penais abertos, deixa muito a desejar.

---

141 PLS 85/2017.

Para dar um exemplo emblemático quanto à disposição de intimidar e reduzir a ação dos juízes, no texto original havia um dispositivo que, da forma como proposta a redação, deixava o juiz sob constante insegurança. Grosso modo, acaso se atribuísse determinada interpretação para um dispositivo legal, e, posteriormente, em instância recursal, houvesse reforma daquela decisão em função de outra interpretação, o juiz poderia sujeitar-se a um processo por abuso de autoridade.

Com a redação original, instituía-se o crime de hermenêutica.

À luz dos princípios que orientam a atuação da Magistratura, construídos com a experiência milenar obtida na conflituosa operação do direito — genuína arena para exercícios de interpretação — seria desmedido absurdo submeter o juiz a tamanho constrangimento. Felizmente, houve mudança de redação no aludido dispositivo. Mas enquanto não sancionada a lei, permanece a preocupação.

Foram ainda cogitadas — e por certo ainda pairam como ameaças —, ofensivas que visam reformar a legislação no sentido de criar embaraços para a efetividade no combate à corrupção. É o caso da proibição de colaboração premiada para réus presos, anistia do crime de caixa dois pretéritos.

Sob o impacto da Operação Lava Jato aumentaram ainda as reações provindas do chamado "Poder Político". Certamente, visivelmente incomodados com o voluntarismo da Polícia Federal, do Ministério Público e do Judiciário, alguns políticos passaram a apregoar, não necessariamente nessas palavras, que seria preciso colocar os seus respectivos agentes "no seu devido lugar" e "o poder político" deveria retomar o protagonismo.

Embora vaga a expressão, uma manifestação desse naipe causa enorme preocupação para aqueles que, genuinamente, são movidos por ideias republicanas. Mas uma interpretação possível e razoável é de que seria preciso, de alguma forma, limitar ou inviabilizar as ações dessas instituições. Não parece se referir ao chamado "ativismo judicial", em que o Judiciário, e, sobretudo o STF, estaria supostamente usurpando as funções do legislativo. A expressão "no seu devido lugar", no contexto em que detectou tais reações, parece mais direcionada às instituições envolvidas na persecução penal da Lava Jato.

Por tudo o que se apontou neste tópico, há indicativos claros de que as iniciativas de legislação que visam enfraquecer e reduzir o campo de atuação do Ministério Público ficam, sobretudo, restritas à área criminal e de improbidade administrativa.

Em outras áreas de maior sensibilidade e vulnerabilidade social, nas quais a Instituição tem pontificado como órgão fomentador e propulsor de medidas transformadoras, tais como em relação às crianças e aos adolescentes, idosos, portadores de deficiência, saúde, meio ambiente, racismo, não há registro de investidas contra os agentes do Ministério Público.

Então fica a pergunta: isso não é sintomático?

# 9
# ATUAÇÃO CONTROLADA DOS AGENTES DO MINISTÉRIO PÚBLICO

A execução da missão atribuída aos membros do Ministério Público é vinculada aos ditames da lei. Há um sistema de controle interno e externo que permite a fiscalização da sua atuação, até mesmo sua conduta privada é suscetível de censura e sanção.

Como já se disse de passagem em tópicos anteriores, a atuação dos membros do Ministério Público é vinculada a uma série de normas legais de ordem processual, de uma forma geral, além de normas específicas que norteiam a sua missão institucional. Não há poder discricionário aberto. Há normas que regem a coleta de provas, a propositura de ações e a instrução processual na via judicial e, até mesmo, para sua atuação extrajudicial.

Há um sistema de pesos e contrapesos que impede a consagração do *animus* de perseguição. O Ministério Público não pode também escolher processar este ou aquele, arquivar este e não aquele procedimento administrativo extrajudicial. Há balizamentos legais muito claros nesse sentido. Isso já ficou nítido no tópico alusivo à atuação na esfera criminal.

Nas demais áreas, de uma forma geral, há também um sistema implícito de controle. O advogado da parte será, por certo, o primeiro a reagir diante de eventual cometimento de ilegalidade ou abuso.

O juiz, provocado ou não pelo advogado da parte, poderá também exercer o seu natural controle da legalidade, vez que preside o processo em todas as suas fases.

Assim, na própria tramitação do processo, é possível evitar ou estancar eventuais ilegalidades ou abusos. Caso por qualquer motivo isso não ocorra, a atuação desvirtuada do agente poderá ser detectada pela ação da Corregedoria do próprio Ministério Público que tem o dever de fiscalizar os respectivos trabalhos, de forma sistemática. Ademais, a fiscalização, ainda que indireta, é também feita pela Corregedoria da Justiça.

A retidão da conduta do membro do Ministério Público não está adstrita tão somente a sua atuação processual. Assim, por exemplo, além de agir sob o império da legalidade, sob o signo da lealdade processual, obediência aos prazos processuais, zelo e presteza no exercício de suas funções, deve o agente do Ministério Público manter ilibada conduta pública e privada, tratar com urbanidade as partes, os advogados, os juízes, as testemunhas e os funcionários da Justiça.

As leis orgânicas de regência estabelecem as infrações disciplinares e cominam as respectivas sanções.

Tomando-se, por exemplo, a Lei Orgânica do Ministério Público da União,[142] tem-se como sanções a advertência, a censura, a suspensão, demissão e cassação da aposentadoria e da disponibilidade.

Assim, numa primeira vertente interna de controle, o deslize na conduta, seja no plano processual, extrajudicial ou até mesmo atinente a sua conduta pessoal, o agente do Ministério Público estará sujeito às punições expressamente previstas nas respectivas leis de regência.

Muito já se aventou, sobretudo num passado não muito distante, que tais agentes — assim como os juízes — estariam protegidos pelo corporativismo. Ainda que eventualmente isso possa ter ocorrido, nos dias atuais não mais tem consistência essa crítica.

Ocorre que hoje não mais há espaço para manobras sorrateiras. A cultura da transparência se faz presente em todas as instituições e isso, por si só, inibe qualquer tentativa espúria capaz de sucesso.

Por outro lado, em 2004, por meio de emenda constitucional,[143] houve a criação do Conselho Nacional do Ministério Público, assim como houve também a criação do Conselho Nacional da Justiça.

O Conselho Nacional do Ministério Público tem por finalidade exercer o controle e a fiscalização no âmbito administrativo e financeiro das instituições, além de supervisionar o cumprimento dos deveres funcionais de seus membros.

---

[142] BRASIL. *Lei Complementar n. 75, de 20 de maio de 1993.* Dispõe sobre a organização, as atribuições e o estatuto do Ministério Público da União.

[143] BRASIL. *Emenda Constitucional n. 45, de 30 de dezembro de 2004.*

É importante destacar que dentre todas as atribuições, especialmente para os fins deste tópico, o Conselho Nacional do Ministério Público, tem a função de rever, por iniciativa própria ou mediante provocação, os processos administrativos disciplinares contra membros da instituição.

O Conselho está também aberto para receber qualquer reclamação contra membros do Ministério Público, podendo inclusive avocar procedimentos disciplinares em curso.

A sua composição é plural. Presidida pelo procurador-geral de Justiça, é integrada por quatro representantes do Ministério Público da União, dois do Ministério Público dos estados, dois juízes, um indicado pelo STF e outro pelo STJ, dois advogados indicados pela OAB e dois cidadãos de notório saber jurídico e reputação ilibada, sendo um indicado pelo Senado e outro pela Câmara dos Deputados.

Por imposição constitucional, toda e qualquer manifestação, seja no âmbito judicial ou extrajudicial, é feita de forma expressa e pública, devidamente motivada, o que significa dizer que sua atuação é feita às claras, sob a fiscalização da parte, do juiz e dos órgãos de controle interno e, agora também, do Conselho Nacional.

Ainda como mecanismo de controle, tem-se que o Ministério Público é formado por instâncias decisórias colegiadas, fator que certamente inibe a prática de desmandos, arbitrariedades e abusos.

Nesse sentido, colhe-se: a competência atribuída ao Colégio de Procuradores, formado pelo conjunto dos procuradores de justiça, com objetivo de recomendar a instauração de processo administrativo disciplinar contra membro do Ministério

Público; julgar, em sede recursal, ação condenatória em procedimento administrativo disciplinar; decidir sobre pedido de revisão de procedimento disciplinar; deliberar por iniciativa de um quarto de seus integrantes ou do procurador-geral de Justiça sobre o ajuizamento de ação civil para decretação de perda do cargo de membro vitalício e rever decisão de arquivamento de inquérito policial ou peças de informação determinada pelo procurador-geral.[144]

Observe-se que, mesmo o procurador-geral de Justiça, no âmbito dos estados, no caso de atribuição originária — na hipótese de ser investigado o prefeito — não tem o poder absoluto quanto ao juízo de reprovação criminal.

O Conselho Superior do Ministério Público, que é formado pelo procurador-geral e pelo corregedor-geral, membros natos, e por outros integrantes conforme leis orgânicas próprias, dentre outras atribuições, tem a incumbência de examinar e deliberar o arquivamento do inquérito civil público promovido pelo agente ministerial.[145] É mais um mecanismo de controle da atuação do membro do Ministério Público que, afinal, não terá exclusividade do juízo de valor sobre o ilícito analisado.

Há ainda, de forma difusa, outro mecanismo de controle da atuação do agente do Ministério Público. Os procuradores de Justiça, nos atos em que oficiam, exercem também inspeção permanente dos serviços executados pelos promotores de Justiça, podendo encaminhar relatórios à Corregedoria-Geral do Ministério Público.

---

[144] Artigo 12, inciso VIII, alínea "b", inciso X, inciso IX e inciso XI, da Lei n. 8625/93.

[145] Artigo 9º, parágrafo 3º da Lei n. 7.347, de 24 de julho de 1985.

Não fora todo o sistema de pesos e contrapesos e todos os mecanismos de controle interno, o agente do Ministério Público não está imune à responsabilização por crime de abuso de autoridade.

No entanto, sobreleva repisar que, consentâneo com a sua espinhosa responsabilidade de exercer a função persecutória na área criminal e na área de improbidade administrativa, além, é claro, de tantas outras funções para debelar o ilícito, há de se compreender que o agente com tal magna tarefa não pode exercer seu mister público sem garantias mínimas. Em outras palavras, esse agente não pode apresentar-se vulnerável a qualquer reação por parte dos infratores, a ponto de ser facilmente fustigado por ações retaliatórias.

É sob essa ótica que a lei de abuso de autoridade[146] deve fincar seus pilares. Qualquer outro rumo — como é caso de tipos penais abertos, imprecisos, sujeitos a uma interpretação demasiadamente fluída — contribuirá para o enfraquecimento da instituição.

Na ótica da responsabilização civil, desde que agindo com vontade consciente de causar danos a terceiros, sem qualquer amparo legal, o agente ministerial poderá também ser, regressivamente, acionado.

Assim, diante do instrumental jurídico de controle, e, sobretudo, com a criação do Conselho Nacional do Ministério Público, composto por representantes dos três poderes, além da OAB, não mais cabe a insidiosa imputação de que o Ministério Público age sem qualquer controle.

---

[146] Em trâmite no parlamento ao tempo da conclusão deste trabalho.

É injustificável, pois, a trivial e frequente indagação que alguns poucos ainda persistem em alardear: quem controla o Ministério Público?

Ao contrário, o membro do Ministério Público — e assim também o magistrado — muito mais do que qualquer outro servidor público, é superlativamente fiscalizado.

# 10
# ORGANIZAÇÃO DESCENTRALIZADA E MOVIMENTAÇÃO NA CARREIRA

Seja na linha de sua atividade finalística, seja na esfera de administração dos órgãos superiores, não há espaço para imposições de ordem autoritária. Em outras palavras, a chefia da instituição não reina absoluta na fixação de suas diretrizes mestras e nem mesmo quanto à movimentação da carreira de seus agentes.

Por tudo que se procurou demonstrar nos tópicos anteriores, o exercício funcional dos agentes do Ministério Público deve ser permeado pela transparência. A publicidade dos atos, exceto nas hipóteses legais de sigilo, é a regra. A defesa do regime democrático é um dos pilares de sua atuação institucional. Sob esse fundamento, sua estrutura organizacional não poderia ser diferente.

Tomando-se como paradigma a Lei Orgânica Nacional do Ministério Público,[147] observa-se que o arquétipo organizacional ali estabelecido tem o propósito de permitir o funcionamento institucional pulverizado por decisões colegiadas.

Assim, além da estrutura administrativa própria da Procuradoria-Geral de Justiça, são órgãos da administração superior o Colégio de Procuradores, o Conselho Superior do Ministério Público e a Corregedoria-Geral de Justiça.

As questões de maior amplitude institucional ficam sujeitas à deliberação do Colégio de Procuradores, composto por todos os procuradores de justiça.

Ao Colégio de Procuradores cabe também, dentre outras atribuições, opinar sobre matéria relativa à autonomia institucional; propor a criação de cargos e serviços auxiliares, modificação na lei orgânica e providências relacionadas com o desempenho das funções institucionais; aprovar a proposta orçamentária; recomendar ao corregedor-geral a instauração de procedimento administrativo disciplinar contra membro do Ministério Público.

O Colégio de Procuradores é uma espécie de instância recursal em relação ao vitaliciamento ou não de membro do Ministério Público, à ação condenatória em procedimento administrativo disciplinar e à decisão proferida em relação ao quadro geral de antiguidade.

---

[147] Neste tópico, como de resto de uma forma geral, adota-se como exemplo a estrutura organizacional do Ministério Público dos Estados prevista na Lei n. 8625/93, que, observadas as peculiaridades próprias, é também prevista na Lei Complementar n. 75, de 20 de maio de 1993 (Lei Orgânica do Ministério Público da União).

Ao Conselho Superior do Ministério Público cabe, primordialmente, decidir sobre questões atinentes à carreira. Assim, a tal órgão cabe indicar ao procurador-geral de Justiça os candidatos à remoção e à promoção por merecimento; aprovar os pedidos de remoção; elaborar listas sêxtuplas para indicação de membros do Ministério Público para acesso aos tribunais de justiça; decidir sobre vitaliciamento; aprovar quadro geral de antiguidade dos membros da instituição.

Desse modo, a movimentação da carreira não fica sob a administração pessoal da chefia da instituição, fato que tende a impedir eventual proteção de ordem subjetiva.

A par da decisão colegiada, tais deliberações são feitas de forma transparente, em sessões abertas aos concorrentes, mediante votações individuais e devidamente motivadas.

Já a Corregedoria-Geral do Ministério Público tem o relevante papel de orientar e fiscalizar as atividades funcionais e a conduta do agente ministerial.

Avulta, como atribuição substancial, além do exercício regular de correições e inspeções, propor o não vitaliciamento; instaurar, de ofício, processo de sindicâncias e processos administrativos disciplinares e expedir recomendações, sem caráter vinculativo.

No âmbito de cada Ministério Público Estadual, as respectivas leis orgânicas estabelecem regras complementares atinentes à carreira.

Assim, tomando o Ministério Público do Estado do Paraná como exemplo, o ingresso se dá no cargo de promotor de Justiça substituto, cuja lotação formal ocorre em promotorias instaladas em comarcas consideradas sedes de seção judiciária do Estado.[148] Mas, havendo necessidade, o agente poderá ser designado para outras comarcas. No segundo nível, há o cargo de promotor de Justiça de entrância inicial, que exerce sua missão em comarcas que abrangem municípios de menor densidade demográfica, sediadas em pequenas cidades no interior do Estado. Aqui, de regra, há um único agente do Ministério Público que exerce de forma integral todas as funções deferidas à instituição.

Na sequência, sua promoção será para o cargo de promotor de Justiça de entrância intermediária, assim considerada a Comarca que, obviamente, abrange municípios de densidade demográfica superior à de entrância inicial. Normalmente, a Comarca de entrância intermediária tem sede nas cidades consideradas de médio porte.

Nas comarcas de entrância intermediária, a Promotoria de Justiça poderá ser composta por diversos agentes, com atribuições fragmentadas, a depender da densidade demográfica dos municípios por ela abrangidos. Assim, um agente poderá responder pela parte criminal, outro pela área cível, ou pela área da família, defesa do patrimônio público, meio ambiente, consumidor, defesa da criança e do adolescente, dos idosos, da defesa saúde, e assim por diante.

De promotor de Justiça de entrância intermediária, o agente ministerial poderá ser promovido para a entrância final, cujas comarcas estão sediadas nas cidades de maior porte do Estado. No Paraná, é o caso, dentre outras, Curitiba, Londrina e Maringá, e suas respectivas regiões metropolitanas.

---

148 Por decisão recente, há também previsão de cargo de promotor de Justiça substituto em duas comarcas de entrância inicial.

Da entrância final, o promotor de Justiça poderá ser promovido a procurador de Justiça, a partir de quando atuará junto ao Tribunal de Justiça, na capital do Estado.

Há ainda a possibilidade de que o agente do Ministério Público venha a integrar o Tribunal de Justiça, como desembargador, na hipótese de sua nomeação pelo quinto constitucional.[149] Da mesma forma, por exemplo, o agente do Ministério Público Federal, poderá ser integrante dos tribunais regionais federais.

Na proporção de um terço, em conjugação com a classe dos advogados, o membro do Ministério Público pode ainda ser nomeado Ministro do Superior Tribunal de Justiça.[150]

Nestas hipóteses, os agentes do Ministério Público que aspirarem tal nomeação, hão de ter, pelo menos, 10 anos de carreira, e devem ser indicados em lista sêxtuplas, após escrutínio elaborado internamente nos respectivos colegiados superiores.[151]

Os agentes do Ministério Público podem ser promovidos por merecimento e por antiguidade.

Como já se acentuou em outro tópico, a promoção por merecimento é submetida à análise do Conselho Superior do Ministério Público respectivo que, mediante uma lista tríplice, indicará os candidatos escolhidos.

---

[149] Artigo 94, da Constituição Federal de 1988.

[150] Artigo 104, da Constituição Federal de 1988.

[151] No Ministério Público da União, segundo a Lei Complementar n. 75/1993, essa incumbência é do Colégio de Procuradores, enquanto no Ministério Público Estadual, a indicação cabe ao Conselho Superior.

De igual forma, cabe ao Conselho Superior indicar o membro mais antigo para promoção por antiguidade.

A mesma sistemática aplica-se no caso de remoção, situação em que o agente do Ministério Público Estadual pretende transferir-se para outra comarca da mesma entrância.

Guardadas as peculiaridades de cada Ministério Público da União, a movimentação de cada uma das carreiras — Ministério Público Federal, Ministério Público do Trabalho, Ministério Público Militar e Ministério Público do Distrito Federal — segue a mesma linha de princípio.

O que importa salientar, neste tópico, e particularmente quanto à carreira, é que há um sistema democrático que baliza a promoção e a remoção. Não fica a movimentação na carreira, repita-se, à livre escolha da chefia da instituição, o que poderia, eventualmente, comportar escolhas pessoais inspiradas em interesse político interno.

Evidentemente, não se quer dizer que tudo funciona perfeitamente. Internamente há, por vezes, algumas reclamações sobre eventuais desacertos ou até mesmo sobre eventual protecionismo na movimentação da carreira. Mas é mínimo. O que se pretende registrar, com ênfase, é que há um sistema que, na essência, consagra uma forma descentralizada de funcionamento como mecanismo apto a evitar arbitrariedades e práticas sectárias.

# 11

# EM BUSCA DO PERFIL PARADIGMÁTICO

*Decálogo do Promotor de Justiça*

I. Ama a Deus acima de tudo e vê no homem, mesmo desfigurado pelo crime, uma criatura à imagem e semelhança do Criador.

II. Sê digno de tua grave missão. Lembra-te de que falas em nome da lei, da Justiça e da sociedade.

III. Sê probo. Faze de tua consciência profissional um escudo invulnerável às paixões e interesses.

IV. Sê sincero. Procura a verdade e confessa-a em qualquer circunstância.

V. Sê justo. Que teu parecer dê a cada um o que é seu.

VI. Sê nobre. Não convertas a desgraça alheia em pedestal para teus êxitos e cartaz para sua vaidade.

VII. Sê bravo. Arrosta os perigos com destemor, sempre que tiveres um dever a cumprir, venha o atentado de onde vier.

VIII. Sê cortês. Nunca te deixa transportar pela paixão. Conserva a dignidade e compostura, que o decoro de tuas funções exige.

IX. Sê leal. Não macules tuas ações com o emprego de meios condenados pela ética dos homens de honra.

X. Sê independente. Não te curves a nenhum poder; nem aceites outra soberania, senão a lei. (J. A. César Salgado)[152]

---

152 SALGADO, J. A. César citado por SILVA, Octacílio Paula. *Ministério Público*: estudo pragmático da instituição: legislação, doutrina, jurisprudência. São Paulo: Sugestões Literárias, 1981.

Para cumprir sua missão constitucional de defender os valores mais caros da sociedade, mediante o manejo do instrumental jurídico que lhe é conferido e amparado por garantias e prerrogativas diferenciadas, é razoável esperar-se que membros do Ministério Público sejam dotados de múltiplos atributos pessoais.

É sempre uma tarefa difícil traçar o perfil ideal para essa missão. E quem teria a capacidade para projetar um círculo dos atributos necessários? É um exercício ousado.

Ousar-se-á aqui, mas com lastro em outras tantas reflexões de autores que já tiveram esse intento.

O preparo técnico-jurídico sólido é requisito objetivo basilar. Num primeiro momento, será aferido por concurso público. O candidato interessado em ingressar nas fileiras do Ministério Público, seja federal ou estadual, enfrentará uma enorme concorrência. Por evidente, deverá ser submetido a uma ampla e rigorosa avaliação do seu conhecimento jurídico, na qual, além das matérias jurídicas específicas, deverá evidenciar excelência no conhecimento da língua portuguesa.

Mais do que a desenvoltura para falar em público — requisito deveras importante na consecução de missão institucional — há de se exigir também um nível de excelência na forma de comunicação escrita.

Além de primoroso conhecimento nas áreas jurídicas básicas, com especial ênfase no direito penal e processual penal, exige-se do agente uma diferenciada desenvoltura nas matérias concernentes a sua missão de defender os interesses coletivos e difusos da sociedade (*v.g.*, meio ambiente, consumidor, saúde, criança e adolescente, idosos, portadores de deficiência).

Como ao Ministério Público é atribuída a função de guardião da ordem jurídica, o direito constitucional se traduz como matriz orientadora de suas ações.

Como fiscal da administração pública e defensor do patrimônio público, o conhecimento profundo do direito administrativo é condição indeclinável.

Na esfera do direito processual civil, espera-se do agente ministerial um conhecimento diferenciado no manejo da ação civil pública, instrumento de vital importância para sua atuação funcional.

Além disso, com maior ênfase na especificidade, há de se atentar para o preparo técnico-jurídico em relação ao Ministério Público do Trabalho, Ministério Público Militar e Ministério Público junto ao Tribunal de contas.

Com relação ao Ministério Público Federal, além do peso do direito constitucional, com sua abrangência federativa, ganha acentuada relevância o direito tributário.

O preparo técnico não pode limitar-se apenas a uma condição para ingresso na carreira. Para o exercício ideal da nobre missão outorgada, pressupõe-se que o agente do Ministério Público continue num constante processo de aperfeiçoamento.

A instituição, para consolidar-se como legítima e eficiente defensora dos magnos interesses sociais, precisa do contínuo aprimoramento.

Há sim o espaço para aqueles providos de superlativa capacidade intelectual.

O enfrentamento de contínuos desafios exige, em contrapartida, uma pronta resposta por meio de fundamentos teórico-doutrinários consistentes. E aqui reside missão importante de talentos voltados para a resistência e a consolidação institucional, reiteradamente atingida por ataques oportunistas, muitas vezes repercutidos por doutrinadores de encomenda.

Graças a esses talentos, recrutados mediante rigoroso e acirrado concurso, é que o Ministério Público tem pontificado também na produção doutrinária de temas umbilicalmente ligados à função institucional.

Há também nos quadros do Ministério Público aqueles agentes que, a par do compromisso institucional, revelam-se talentosos para o exercício do magistério, que é constitucionalmente permitido.

Tais agentes, podem, com seus ensinamentos e sua proeminência, cooptar talentos vocacionados para futuro ingresso no Ministério Público. Além disso, não menos importante, podem disseminar no meio acadêmico o nobre perfil da instituição, afastando, ademais, visões eventualmente parciais ou até mesmo distorcidas por desconhecimento mais profundo.

Obviamente, no plano interno da instituição, não se aplaude — antes se abomina — eventuais agentes que, amparados pela estabilidade e pelo salário — voltam-se de corpo e alma à vida acadêmica, na sua maior extensão possível, negligenciando sua função de agente ministerial.

Há de se lamentar que eventuais agentes, muito absorvidos pela vida acadêmica e negligentes na sua função primordial, venham a direcionar o seu talento para temas ou teses distantes do interesse genuíno do Ministério Público.

Em suma, o preparo técnico diferenciado deve vir acompanhado também de um compromisso institucional.

O Ministério Público não é o espaço para o talento intelectualizado que professa o império do "EU".

A magnitude das tarefas afetas ao Ministério Público exige que o agente não se limite a desempenhar o papel tal qual faz o intelectual tradicional, meramente acadêmico, que gira em torno do seu próprio eixo, alheio às demandas institucionais. É preciso que, como contraprestação social, coloque o seu conhecimento a serviço das funções vitais da instituição. Nesse sentido, vale a pena invocar a seguinte lição de Paulo Freire:

> Quanto mais eu me capacito como profissional, quanto mais eu sistematizo minhas experiências, quanto mais me utilizo do patrimônio cultural, que é patrimônio de todos e ao qual todos devem servir, mais aumenta minha responsabilidade com os homens. Não posso, por isso mesmo, burocratizar meu compromisso de profissional, servindo, numa inversão de valores, mais aos meios que ao fim do homem. Não posso me deixar seduzir pelas tentações míticas, entre elas a da minha escravidão às técnicas, que, sendo elaboradas pelos homens, são suas escravas e não suas senhoras.[153]

Lamentavelmente, há registros, ainda que poucos, de talentos não vocacionados que buscam abrigo no Ministério Público ou no Judiciário, apenas como garantia de uma estabilidade e simplesmente apegados ao salário digno oferecido.

Certamente, no seu apego restrito ao império do "EU", com reduzido apreço à missão de servir, esse agente não obterá internamente uma boa aprovação.

A par do sólido preparo técnico, espera-se que esse agente público seja, na essência, dotado da indignação própria dos

---

[153] FREIRE, Paulo. *Educação e Mudança.* 18ª ed. Rio de Janeiro: Paz e Terra, 1979, p. 20.

que clamam por justiça social e almejam como ideal empregar o seu privilegiado talento em benefício do bem comum.

O Ministério Público, como uma espécie de magistratura em pé — *Magistrature debout,* na expressão usada na França — que toma a iniciativa, que fiscaliza, que postula, que movimenta, que recomenda, que provoca o Judiciário, assim como instâncias administrativas, não pode conceber um agente essencialmente inerte, passivo e acomodado.

O que se espera é um agente dinâmico, inconformado, voluntarista, como vontade de servir — mas não servil. Porém, esse voluntarismo há de ser ponderado, sem açodamento, ou seja, a busca da verdade, a elucidação de crimes e ilícitos civis, a promoção do que se entende por justo e correto, não pode transformar-se em obstinada vontade de punir a todo o custo, nem em instrumento de vingança, paixão ou vaidade. Nem deve o agente "[...] valer-se do infortúnio alheio para a conquista de lauréis, no palco das competições forenses. A desgraça do réu, mais do que piedade, merece respeito".[154]

Esta arena de combate, em que afloram as desgraças e tragédias humanas, tampouco deve ser lugar para a exposição de sentimentos mesquinhos, distanciados do genuíno interesse público.

Na sua espinhosa missão de exercitar seu mister envolto por dramas e tragédias humanas, ainda que por vezes atingido pelos sentimentos da emoção, deve o agente agir com calma, de forma serena, inspirado por um espírito público e até com

---

[154] SALGADO, J. A. Boletim da Associação Paulista do Ministério Público, citado por NALINI, José Renato. *Ética Geral e Profissional.* 2ª ed. São Paulo: Revista dos Tribunais, 1999, p. 49.

frieza em determinadas situações, sem abdicar da firmeza e da combatividade, quando adequado e necessário. É arena em que o combate exige estabilidade emocional.

Ser combativo e voluntarioso não significa ser, ao mesmo tempo, impulsivo, truculento ou dar lugar a comportamento explosivo pontificado por afetos desordenados. É desejável que o agente, muito mais do que temido, seja respeitado; seja firme, mas não dogmático; seja tolerante, mas não fraco; seja moderado, mas não pusilânime.

Deve ser leal, solidário, cooperativo e cortês nas suas relações. Sobretudo em relação ao cargo de promotor de Justiça, cujo início de carreira se dá nas comarcas mais carentes de atendimento às necessidades humanas. Para isto exige-se disposição, desprendimento e paciência para interagir com as pessoas mais simples e desprovidas de conhecimento. Certamente, quem não tem o desprendimento para cumprir essa humana missão, terá dificuldades de interação.

No Tribunal do Júri, apenas para dar um exemplo concreto, ao mesmo tempo em que postula a condenação do réu de forma veemente, não deve o agente desvincular-se das provas dos autos e nem fazer apelos demagógicos.

Diferentemente da defesa, em que se permite maior amplitude e em que se tolera uma postura com apelos emocionais e referências genéricas, a manifestação do agente ministerial não pode afastar-se das regras técnicas que orientam o processo penal. Dele exige-se lealdade processual.

Não se pode escamotear a verdade e nem mesmo deve o agente tripudiar sobre a pessoa do réu sob julgamento. Ainda que firme e eloquente na descrição da ação criminosa praticada, não se deve fazer-lhe imputações vulgares, chamando-o, *v.g.*, de "bandido, vagabundo, facínora, sanguinário!".

No entanto, a temperança — virtude que deve também marcar as ações e atitudes do agente encarregado da repressão — não pode ser tão esgarçada a ponto de se transformar em atos evasivos e reticentes. E também não deve permitir uma postura indiferente e negligente.

Como disse Calamandrei:

> [...] o Ministério Público se não adquirir o sentido do equilíbrio, se arrisca — momento a momento — a perder por amor da sinceridade a generosa combatividade do defensor ou, por amor da polêmica, a objetividade sem paixão do magistrado.[155]

A nobreza da função exige um constante exercício de equilíbrio e sobriedade. Isso é até mesmo objeto de observação nos corredores ou no cafezinho do seu ambiente de trabalho. O leviano, o açodado, o vulgar ou displicente perde credibilidade e, mais cedo ou mais tarde, isso se torna perceptível e pode até mesmo trazer algum desconforto funcional.

Mesmo agindo com sobriedade e dentro da orientação jurídica adequada, com lealdade e respeito à pessoa do réu, o agente do Ministério Público é, por vezes, sordidamente atacado como quem tem o implacável desejo de obter a condenação a qualquer custo.

---

[155] CALAMANDREI, Piero. *Eles os Juízes, vistos por Nós, os Advogados.* 6ª ed. Lisboa: Livraria Clássica Editora, 1977, citado por NALINI, José Renato. *Ética Geral e Profissional.* 2ª ed. São Paulo: Revista dos Tribunais, 1999, p. 244.

Ao final do julgamento, especialmente em eventual comunicação via imprensa, sequer deve o promotor de Justiça demonstrar alegria ou satisfação na decisão condenatória ou desmedida reação com eventual absolvição. Aqui, como em qualquer outro veredito judicial, a postura há de ser pautada pela serenidade. Nem saborear a vitória, nem baixar a cabeça na derrota.

Aliás — embora tão a gosto da mídia em casos de grande repercussão —, é muito perigoso qualquer pronunciamento açodado feito ainda sob o calor dos debates.

Ainda tomando como exemplo a ingrata missão que lhe é atribuída junto ao Tribunal do Júri, não é incomum que em alguns casos, e por razões diversas, o plenário lotado esteja emitindo sinais no sentido de pretender a absolvição do réu. E se realmente os jurados ditam pela absolvição, a sensação experimentada pelo agente do Ministério Público é desoladora.

Enquanto advogados, familiares e amigos comemoram a absolvição com os afetivos abraços, o promotor de Justiça recolhe seus livros, deixa o plenário e, enclausurado no silêncio de sua missão, segue sozinho para sua casa, muitas vezes de madrugada.

O indignado com as injustiças e que tem, na sua essência, o ideal de professar o império do "NÓS", dotado de espírito público com sede de avanços sociais, terá no Ministério Público um terreno apropriado para sua realização pessoal e profissional.

A indignação é um importante diferencial. Será sempre uma força propulsora e estimulante. É perceptível na carreira que muitos agentes, movidos pela ética da responsabilidade, são incansáveis nas suas respectivas áreas de atuação. Alguns mesmo com tempo para aposentadoria continuam a exercer sua função com entusiasmo.

Tais agentes, no exercício de ações no âmbito do Ministério Público, devem estar vinculados aos princípios da cooperação e da solidariedade.

O exercício da missão com o sentido de compromisso institucional se constitui também num forte pilar de sustentação profissional.

A dedicação do agente com afinco, e intrinsecamente vinculado às múltiplas ações que permeiam as lutas institucionais, leva-o a empreitadas transformadoras em todo o sentido.

Significa dizer, em outras palavras, que o agente compromissado é aquele que vive intensamente a instituição e suas várias instâncias de execução da atividade finalística e da própria órbita da gestão administrativa.

Dele espera-se, para além de um exercício meramente burocrático, o firme propósito de cumprir metas programáticas estabelecidas, dizer presente nos encontros regionais de estudo, participar efetivamente em congressos da área, inclusive apresentando teses, na medida da oportunidade e dos temas que mais lhe digam respeito.

Como já assinalado em algum momento nas linhas antecedentes, o agente do Ministério Público, sobretudo aquele envolvido com os temas de interesse difuso e coletivo, tem uma missão extrajudicial de elevada importância na resolução de problemas. Sua participação, seja na forma de recomendação, termo de ajustamento, seja em audiências públicas, palestras temáticas, congressos específicos, etc., é de suma importância para o fortalecimento de uma visão positiva da Instituição.

Aqui, na seara do Ministério Público resolutivo, com a missão de estimular a efetividade dos direitos sem a natural demora da solução via judicial, deve entrar em cena o agente interlocutor, articulador, mediador e indutor de medidas de maior alcance social, influindo até na formulação de legislação adequada para cada área de sua atuação. Não calha bem o agente hermético e indiferente nessas questões.

Em 1985, já dizia o jurista René Ariel Dotti, quando, a convite da Associação do Ministério Público do Rio Grande do Sul, e antevendo mudanças institucionais, fez uma conferência sobre a atuação dos agentes do Ministério Público na proteção dos interesses difusos:

> Eles não se caracterizam mais — quando, muitas vezes, assim tenham parecido — como prisioneiros dos gabinetes de trabalho, dos corredores do fórum e das salas de audiência e julgamento. Eles podem e devem vir às ruas e praças, junto ao povo para sentir com seus santos e mártires a profundidade da condição humana, os dramas e as comédias da existência [...].[156]

Todavia, nessa tarefa propositiva que muitas vezes contraria interesses políticos e econômicos, os agentes do Ministério Público devem cercar-se de cuidado especial na condução dos conflitos, a fim de que eventual entusiasmo pela causa não possa suscitar desconfiança das partes que devem ceder para uma solução conciliatória. Aqui não cabe a arrogância, a prepotência, a intransigência, mas sim a temperança, o equilíbrio e a habilidade para a resolução.

---

156 DOTTI, René Ariel *apud* MAIA NETO, Cândido Furtado. *O Promotor de Justiça e os Direitos Humanos*. Curitiba: Juruá, 2007, Prefácio.

O Ministério Público, com perfil que se aqui desenhou, oferece enorme espaço para incursões inovadoras. E, a cada vez mais, exigir-se-á do agente a capacidade de enfrentar novos desafios de forma proativa e compromissada.

Mas, por outro lado, há que se destacar que a amplitude de áreas de atuação permite que o agente, não muito afeito a interações de âmbito externo, desenvolva também importantíssimo trabalho, como é o caso do agente que atua como fiscal da lei na área cível.

Longe dos holofotes, que mais pontificam nas questões de interesse coletivo e difuso, porém não menos agudas e sensíveis, tais agentes desenvolvem, discretamente, relevantes tarefas no desempenho de suas atribuições nas defesas dos valores mais caros da sociedade. São imensuráveis os benefícios colhidos dessa importante atuação.

Até mesmo na área associativa, há de ter o agente do Ministério Público uma participação mais efetiva. Além de preocupar-se com o lazer, com programas sociais e esportivos, é da tradição que as associações do Ministério Público atuem como instância de acompanhamento da legislação nova e das alterações em temas de relevante interesse institucional.

Nesse sentido, é de suma importância o comprometimento dos talentos a serviço da instituição, aptos a produzirem o necessário contraponto em defesa das atribuições constitucionais e das garantias e prerrogativas funcionais.

Na concepção de um Estado ideal, é razoável supor que todo o servidor público — numa dimensão maior de qualquer do povo — exercite o seu mister impregnado por valores éticos e morais.

No caso de algumas carreiras, tais como a de juízes e agentes do Ministério Público, para citar dois exemplos, é superlativa essa exigência.

Sua conduta profissional, sob o estreito limite da lei e da ponderação dos interesses sob conflito, é constantemente vigiada pelos demais atores na intrincada arena da Justiça.

Pela imponência do cargo e com a missão de promover o que é justo ou não, não se há de esperar tolerância do jurisdicionado sobre eventual afronta a tais valores.

Voltando-se especificamente para os agentes do Ministério Público, é dever imperativo que submetam sua atuação a comandos explícitos decorrentes da própria Constituição e das leis orgânicas próprias.

Assim, como de primeira grandeza, diretamente vinculada a sua atividade finalística, não deve o agente afastar-se dos princípios norteadores da administração pública: legalidade, impessoalidade, moralidade, publicidade e eficiência.

A exigência de sólida consciência profissional há também de evitar a deslealdade para com a instituição. Assim, o agente deve canalizar todo seu conhecimento e toda sua energia para o Ministério Público, excepcionada a permissão constitucional de magistério. Há inclusive vedação para o exercício do comércio, exceto como cotista ou acionista.

Ainda vinculada a sua atuação finalística, há uma série de deveres a que devem submeter-se os agentes ministeriais, tais como zelar pelo prestígio da Justiça, por suas prerrogativas e pela dignidade de suas funções; desempenhar com zelo e presteza suas funções; declarar-se suspeito ou impedido, nos termos da lei; tratar com urbanidade as partes, testemunhas, funcionários e auxiliares da Justiça, dentre outros.

Não deve receber presentes, doações ou benefícios, seja de pessoa física ou empresas ou grupos econômicos.

Por óbvio, é essencial o dever ético de especial respeito ao juiz, com o qual deve interagir continuamente, e, em algumas vezes, envolto em divergências de entendimento.

Desaconselhável é discutir, fora do processo, com o juiz ou com os serventuários, com as partes e seus procuradores, sobre o eventual acerto ou não das decisões judiciais.

Mesmo que eventualmente indignado com o não atendimento de um pleito — a decretação de uma prisão preventiva, por exemplo — não deve o agente vociferar sua desaprovação pelos corredores. Isso em nada enobrece sua função.

Jamais deve o agente do Ministério Público opinar publicamente sobre a honorabilidade e o desempenho funcional de qualquer outra autoridade pública.

De outra banda, é dever ético do juiz tratar com urbanidade o agente do Ministério Público e respeitar as prerrogativas que a lei lhe concede.

Quando ressentimentos e vaidades afloram e contaminam suas ações nas lides forenses, o resultado negativo pode inclusive atingir a esfera de interesse dos jurisdicionados. A própria credibilidade da Justiça é afetada.

Infelizmente, há nos anais da história forense atos de vingança do juiz em relação ao promotor de Justiça ou ao procurador de Justiça e vice-versa.

Os que almejam ingressar na carreira devem ter em mente que, tal como o magistrado e outros agentes de carreiras de Estado, há uma permanente exigência de ilibada conduta pública e privada, além de comportamento que não afronte o decoro do cargo.

Para o nobre cumprimento dessa missão, não basta o estrito cumprimento das obrigações legais. Do agente do Ministério Público exige-se mais.

É um pesado fardo de responsabilidade. Se o agente age e atua dentro dos parâmetros tidos como razoável, de regra, não recebe aplausos ou confetes. É normal. Haverá o silêncio e a indiferença. Todavia, ao contrário, o despreparo, erros, omissões, excessos, arrogância, fraqueza, e, sobretudo, eventual conduta imoral, serão objeto de enfáticas críticas.

Voltando-se para um exemplo ligado à função de promotor de Justiça — cuja percepção é mais acentuada nas comarcas de menor densidade populacional — tem-se que a ilibada conduta é, em muitos casos, fator decisivo até mesmo para sua desenvoltura em ações interativas com a comunidade.

Se o promotor de Justiça passa a frequentar festas privadas junto de pessoas envolvidas em ilícitos e que não gozam de respeitabilidade local, ou é visto em bares embriagando-se com outras pessoas de menor reputação, certamente será alvo de reprovação. É muito provável que seja alvo até de representação junto à respectiva Corregedoria, além do que esse agente terá dificuldades até mesmo para contar com a colaboração em empreitadas cívicas.

No próprio Tribunal de Júri, esse agente terá dificuldade de infundir credibilidade aos olhos dos jurados que representam a comunidade.

Nem precisaria dizer, mas, ainda sob o influxo de uma cultura conservadora, a conduta com recato é ainda mais exigida em relação às agentes femininas do Ministério Público. Qualquer deslize, sobretudo de ordem moral, é motivo desabonador e pode trazer aborrecimentos pessoais que podem afetar o seu desempenho funcional.

A probidade deve ser virtude essencial a todo o ser humano. Mas, para o exercício da missão reservada ao Ministério Público — que tem como incumbência processar os ímprobos — sua dimensão é superlativa e indefectível.

Lamentavelmente, a literatura do submundo forense registra, embora de forma excepcionalíssima, conduta incompatível envolvendo juízes, promotores de Justiça e procuradores de Justiça e procuradores da República. Mas, pela magnitude de sua missão, mesmo a excepcionalidade causa enorme indignação da sociedade. Em razão das garantias e prerrogativas conferidas a esse tipo de agente público, e pela dignidade que a função representa, é justo que se dele exija maior responsabilidade ética e moral.

No estágio atual, mais do que outrora, exige-se a transparência nos atos da vida pública e no rumo do aprimoramento dos mecanismos de repressão à criminalidade sofisticada, de modo que esse tipo de agente público não terá vida longa na ilicitude. E se descoberto cairá sim em desgraça. Muito mais do que qualquer delinquente comum, será execrado pela opinião pública.

Mas, além dos dissabores pessoais, eventual conduta inadequada dos agentes ministeriais atinge também o órgão a que está vinculado.

Ao cabo deste tópico, conjugando-o com tantos outros elementos indicativos abordados de passagem durante toda a exposição, tem-se que o paradigma ideal do agente do Ministério Público, além de uma formação humanista, e do diferenciado preparo devotado essencialmente à instituição, bem como da indeclinável conduta ilibada na vida pública e privada, pressupõe a incorporação de qualidades pessoais polivalentes.

Da intrepidez, do destemor e da frieza na esfera da investigação e do processo criminal, sem abandonar a serenidade e o equilíbrio, passa-se à sensibilidade, paciência e compaixão na defesa de direitos fundamentais da pessoa humana e na defesa de interesses de segmentos sociais carentes ou vulneráveis; voluntarismo, compromisso social, espírito público, interatividade, ação dinâmica e prospectiva na promoção dos direitos coletivos e difusos; interlocução, articulação, mediação, propulsão e indução de medidas necessárias à implementação de políticas públicas de uma forma geral.

Na prática, dificilmente seria possível reunir tantas qualidades em torno de uma só pessoa. De outro lado, não há mecanismos para uma adequada aferição de qualidades de tal amplitude, muitas das quais somente poderão ser colocadas sob prova no cotidiano funcional.

Todavia, há um núcleo de atributos sobre o qual não se pode transigir: compromisso, devotamento e probidade no exercício profissional; ilibada conduta pública e privada, bem como o exercício permanente da ética da responsabilidade no sentido mais amplo possível.

# 12

# O MINISTÉRIO PÚBLICO NUMA CONSTANTE TRAVESSIA

Tal como sinalizado na apresentação, ficou claro nos capítulos precedentes que o Ministério Público do Brasil, com a configuração hoje delineada na Constituição e na respectiva legislação complementar, é resultado de uma transformação que se deu gradativamente ao longo dos anos.

Com a significativa ampliação de suas atribuições, tem-se que o Ministério Público do Brasil — tradicionalmente mais conhecido por sua clássica atuação na esfera criminal — passou a protagonizar, tanto na esfera administrativa como judicial, múltiplas ações difusas, coletivas e individuais indisponíveis, algumas em áreas nunca dantes visitadas, ganhando com isso enorme projeção e respeitabilidade.

A ampliação das atribuições do Ministério Público, fez com que o Judiciário, na área cível — até então restrito a pronunciar-se, em grande monta, sobre demandas de caráter privado — viesse a enfrentar e decidir sobre questões de grande repercussão na vida social, com evidentes benefícios a uma parcela da população normalmente excluída do acesso à Justiça. Isto, em grande parte, contribuiu, e vem contribuindo, para fortalecer ainda mais o Judiciário como efetivo Poder da República.

Na esfera administrativa, depois de algumas resistências oriundas de setores ainda não conscientes da magna tarefa atribuída a esse órgão do Estado, a sua respeitabilidade foi paulatinamente se firmando. Nos dias atuais, já melhor assimilada a sua missão institucional, o processo de interação vem propiciando resultados práticos auspiciosos na resolução de conflitos transindividuais, a exemplo do acolhimento de recomendações administrativas ou mediante Termos de Ajustamento de Conduta (TACs).

Desse modo, o agente do Ministério Público passa a acumular também a missão de articulador, mediador, formulador e impulsionador de questões da mais alta relevância pública. Desse agente, mais do que uma sólida capacidade jurídica, exige-se o conhecimento transdisciplinar em algumas áreas de atuação.

A condução do Ministério Público a um pedestal de reconhecimento público, além do natural processo evolutivo como demonstrado — compatível com a já comprovada vocação institucional —, deve-se também a muitos atores que trouxeram significativa contribuição para sua configuração tal como definida nos dias de hoje.

Fazendo uma retrospectiva, merecem reverência cívica muitos agentes do Ministério Público que amassaram o barro e, nas distantes comarcas, à luz de vela, representaram a sociedade tendo como instrumento a caneta-tinteiro.

Mais recentemente, ainda transitando na era analógica — mas já vislumbrando a via digital —, merecem reconhecimento outros tantos agentes verdadeiramente conscientes, compromissados e alinhados ao momento histórico da transformação. E aqui, além dos agentes do Ministério Público que deixaram seu nome marcado na histórica luta durante os trabalhos que antecederam a Constituição de 1988, merecem reconhecimento também aqueles doutrinadores de escol e parlamentares, que agiram como estadistas e ajudaram a consolidar um Ministério Público independente e instrumentalizado para bem exercer sua missão.

Pode-se afirmar que esse órgão do Estado vem cumprindo razoavelmente seu mister. Mas, a despeito da estatura alcançada, o Ministério Público não está pronto e acabado. Há sempre novos desafios. Vive-se sempre num processo de eterna travessia em busca de alcançar a margem de outro lado: o aprimoramento.

Todavia, não se pode descuidar de outra missão de caráter permanente: manter, ao menos, a configuração institucional tal como se apresenta.

É preciso relembrar que, lamentavelmente, sobretudo após a Constituição de 1988, quando passou a protagonizar ações em múltiplas áreas, o Ministério Público, tem sido alvo de ataques e tentativas de retaliação, provenientes de parcela de segmentos sociais, econômicos e políticos. Essa ofensiva acentuou-se ainda mais depois da histórica operação Lava Jato, em que tais segmentos passaram a ocupar o polo passivo como réus.

Descobriu-se que nas entranhas do poder aninhava-se um sistema de compadrio entre as forças políticas tradicionais e as forças de poder econômico, provocando um rombo de bilhões de reais dos cofres públicos. Para maior desencanto ainda da sociedade brasileira, segundo as investigações e ações já desencadeadas perante o Judiciário, a Lava Jato acabou por detectar uma prática de corrupção sistêmica e apartidária, até mesmo envolvendo segmentos políticos ideologicamente antagônicos.

Mesmo assim, não obstante as vísceras expostas neste contexto, as forças já comprometidas com o sistema de compadrio, a exemplo do aconteceu na Itália, após a Operação Mãos Limpas, reagem e, num exercício retórico corporativista, procuram inverter a situação. Utilizam a velha prática da neutralidade, da "vitimização" sob a falsa imputação de "querem criminalizar a política" ou de que há "abuso de autoridade".

Com esse escudo, numa inversão total de valores, há evidentes movimentos no sentido de obstar a desenvoltura dos agentes do Ministério Público, bem como da Polícia Federal e do Judiciário, que agiram no seu dever de ofício.

Houve um abalo na estrutura arcaica enraizada no sistema político. E nos dias atuais, o ponteiro das mudanças de paradigmas gira mais rápido. Alguma mudança há de implantar-se. O tempo dirá se isso ocorrerá de imediato ou logo mais e em que dimensão. Alguns, acuados e sem escrúpulos, que já estão prestes a transitar na arena externa da cidadela — mas ainda detentores de forte poder de influência —, agarram-se a escusas estratégias e procuram atingir as instituições democráticas.

Outros, de espírito estadista, já perceberam o sinal dos novos tempos e têm ciência de que uma transformação no regime de representação política se avizinha e procuram novas arenas de combate.

A história certamente saberá registrar quem deve ser imortalizado na galeria republicana e quem, ao reverso, na condição de desertor da pátria será destinado ao isolamento.

Sabe-se que é tarefa difícil aniquilar por completo a prática de corrupção. Mas, neste ponto da travessia republicana, além da contínua luta para a consolidação dos avanços sociais, impõe-se como de primeira grandeza o dever cívico de se promover, ao menos, a abolição da corrupção sistêmica.

Diante deste contexto, o Ministério Público, por tudo que representa na estrutura de repressão à criminalidade e na defesa dos interesses coletivos, difusos e individuais e indisponíveis — de público e notório reconhecimento da sociedade brasileira — se constitui num importante agente para a difícil promoção da faxina moral, ao lado, é claro, de outras instituições encarregadas do controle e da repressão da criminalidade.

Há, pois, de sobrepor-se a qualquer investida dos que ainda tentam manter-se ativos na cidadela da corrupção.

Necessário, no entanto, uma constante vigilância. E de quem? A resposta parece lugar comum, mas é preciso repetir sempre: qualquer ação no sentido de obstar, dificultar ou diminuir as ações dos membros do Ministério Público — e também do Judiciário e dos demais órgãos de controle e investigação — acarretará maior prejuízo à própria sociedade como um todo, que é a destinatária dos resultados obtidos na resolução dos conflitos de maior envergadura social. Tolher o Ministério

Público significa reduzir a efetividade dos direitos fundamentais assegurados na Constituição.

Assim, num primeiro momento, cabe aos agentes públicos — e aqui, em especial, aos membros do Ministério Público —, sobretudo por meio de seus órgãos representativos, esboçar imediata reação a possíveis sinais de retrocesso legislativo. A sociedade há de ser prontamente esclarecida e alertada por meio de seus canais de comunicação.

Em um segundo momento, é preciso contar com o massivo apoio da sociedade que, através de uma imprensa independente, poderá fazer repercutir sua indignação. Diga-se, a bem da verdade, que a imprensa — exceção feita a alguns comunicadores afetados por uma cegueira ideológica, ou simplesmente corporativa —, tem exercido um relevantíssimo papel na repercussão de questões de supremo interesse da sociedade.

A boa imprensa, com rigoroso compromisso ético de bem informar, pode ser o farol e o radar a orientar o cidadão no processo de interpretação dos fatos sociais.

Não por acaso, graças à pronta repercussão na imprensa é que foram evitados alguns retrocessos legislativos nestes últimos anos.

É nesse tripé — reação dos agentes públicos comprometidos com uma nova ordem social, apoio da sociedade e repercussão ancorada pela imprensa — que repousa a esperança de se impedir tentativas de retrocesso. A reação contra a famosa PEC 37 — impedir o Ministério Público de realizar investigações — se deu com esse tripé. Trata-se de uma louvável parceria informal que se dá naturalmente e que tem sido de grande utilidade.

Nesse processo de permanente travessia, caberá também importante parcela de responsabilidade aos agentes que, doravante, ingressarem na carreira.

Com o *status* que ostenta nos dias de hoje, o Ministério Público se constitui num patrimônio imaterial cívico. Caberá, pois, às futuras gerações de seus agentes — sempre com base naquele tripé de atores sociais — conduzir essa navegação com um olho na sua consolidação e com outro no seu aprimoramento.

Fica aqui registrado um entusiasmado aceno para despertar talentos vocacionados. Por tudo o que se disse nos capítulos precedentes, o Ministério Público se constitui uma trincheira estratégica para aqueles que, indignados com os desmandos e as injustiças, tem como ideal colocar o patrimônio de sua inteligência e do seu conhecimento para servir o bem comum.

Dos doutrinadores, dos demais operadores do direito e do segmento político verdadeiramente comprometido com os valores da causa pública, espera-se o desprendimento próprio dos guardiões da cidadela republicana, a fim de obstar qualquer tentativa de abalar a travessia deste polivalente Ministério Público, que representa a língua e os olhos da sociedade.

*O real não está no início e nem no fim,*
*ele se mostra pra gente no meio da travessia.*
(ROSA, Guimarães. *Grande Sertão*: *Veredas*)

# REFERÊNCIAS


ALMEIDA, Gregório Assagra. *O Ministério Público no Neoconstitucionalismo*; perfil constitucional e alguns fatores de ampliação de sua legitimação social. Disponível em: http:// www.mp.go.gov.br/portalweb. Acesso em: 30 set. 2018.

ALVES, Airton Buzzo; RUFINO, Almir Gasquez; SILVA, José Antonio Franco (Org.). *Funções Institucionais do Ministério Público*. São Paulo: Saraiva, 2001.

ASSOCIAÇÃO CATARINENSE DO MINISTÉRIO PÚBLICO - ACMP. XVIII Congresso Nacional do Ministério Público: *O Ministério como fator de redução de conflitos e construção da paz social*. Porto Alegre: Magister, 2009.

ASSOCIAÇÃO DO MINISTÉRIO PÚBLICO DA BAHIA. XVII Congresso Nacional do Ministério Público: *Os Novos Desafios do Ministério Público*. Salvador: Venture, 2007.

CABRAL NETTO, J. *Associação Nacional dos Membros do Ministério Público* - Uma História Sem Fim. Porto Alegre: Magister, 2009.

CARLIN, Volnei Ivo. *Deontologia Jurídica*. Florianópolis: Livraria e Editora Obra Jurídica Ltda., 1997.

CASTRO, Renato de Lima; GUARAGNI, Fábio André (Coord.); CAMBI, Eduardo (Org.). *Ministério Público*: prevenção, modelos de atuação e a tutela dos direitos fundamentais. Belo Horizonte: Del Rey, 2014.

CHEMIM, Rodrigo. *Mãos Limpas e Lava Jato*: a corrupção se olha no espelho. Porto Alegre: Citadel Grupo Editorial, 2017.

CONSELHO NACIONAL DO MINISTÉRIO PÚBLICO - CNMP. *Revista do Conselho Nacional do Ministério Público*, n. 2, jul./dez. de 2011.

DALLAGNOL, Deltan. *A Luta Contra a Corrupção*. Rio de Janeiro: Primeira Pessoa, 2017.

DECOMAIN, Pedro Roberto. *Comentários à Lei Orgânica Nacional do Ministério Público* - Lei 8625 de 13-2-93. Florianópolis: Obra Jurídica, 1996.

FACHIN, Zulmar. *Responsabilidade Patrimonial do Estado por Ato Jurisdicional*. Rio de Janeiro: Renovar, 2001.

FELDENS, Luciano. *Tutela Penal de Interesses Difusos e Crimes do Colarinho Branco*. Porto Alegre: Livraria do Advogado, 2002.

FERRAZ, Antonio Augusto Mello de Camargo (Coord.). *Ministério Público*. São Paulo: Atlas, 1997.

FREIRE, Paulo. *Educação e Mudança*. Rio de Janeiro: Paz e Terra, 1979.

GARCIA, Emerson. *Ministério Público, Organização, Atribuições e Regime Jurídico*. Rio de Janeiro: Lumen Juris, 2004.

GOMES, Luiz Flávio. *O Jogo Sujo da Corrupção*. São Paulo: Astral Cultural, 2017.

GOULART, Marcelo Pedroso. Missão Institucional do Ministério Público. *Revista Jurídica do Ministério Público de São Paulo*, n. 1, 2001. Disponível em: <http://www.esmp.sp.gov.br/2010/revista_1.pdf>. Acesso em: 30 set. 2018.

GUIMARÃES, Rodrigo Régnier Chemim. *Controle Externo da Atividade Policial pelo Ministério Público*. Curitiba: Juruá, 2002.

LOPES, Júlio Aurélio Vianna. *O Novo Ministério Público Brasileiro*. Rio de Janeiro: Lumen Juris, 2000.

LYRA, Roberto. *Teoria e Prática da Promotoria Pública*. Porto Alegre: Sergio Antônio Fabris/Escola Superior do Ministério Público do Rio Grande do Sul,1989.

MACHADO, Antônio Cláudio da Costa. *A Intervenção do Ministério Público no Processo Civil Brasileiro*. São Paulo: Saraiva, 1989.

MAGGIO, Marcelo Paulo. *Saúde Pública e sua Tutela pelo Ministério Público*. Curitiba: Juruá, 2018.

MAIA NETO, Cândido Furtado. *O Promotor de Justiça e os Direitos Humanos*. Curitiba: Juruá, 2007.

MARTINS JUNIOR, Wallace Paiva. *Controle da Administração Pública pelo Ministério Público*. São Paulo: Juarez de Oliveira, 2002.

MAZZILLI, Hugo Nigro. *Introdução ao Ministério Público*. 7ª ed. São Paulo: Saraiva, 2008.

MAZZILLI, Hugo Nigro. *O Ministério Público na Constituição de 1988*. São Paulo: Saraiva, 1989.

MAZZILLLI, Hugo Nigro. *O Promotor de Justiça e o Atendimento ao Público*. São Paulo: Saraiva, 1985.

MAZZILLLI, Hugo Nigro. *Regime Jurídico do Ministério Público*. São Paulo: Saraiva, 1993.

MINISTÉRIO PÚBLICO DO ESTADO DO PARANÁ. *Manual de Orientação Funcional*. Corregedoria-Geral. Curitiba, 2009.

MINISTÉRIO PÚBLICO DO ESTADO DO PARANÁ. *Revista do Ministério Público do Estado do Paraná*, ano 3, n. 5, dezembro/2016. Curitiba-PR.

MINISTÉRIO PÚBLICO DO ESTADO DO PARANÁ. ARAUCARIA. *Revista Jurídica do Ministério Público do Estado do Paraná*. Curitiba, 1998.

MINISTÉRIO PÚBLICO DO ESTADO DO PARANÁ. *Revista Jurídica do Ministério Público do Estado do Paraná*, ano 2, n. 3, Curitiba, 2015.

MIRABETE, Julio Fabrini. *Processo Penal*. São Paulo: Atlas, 1992.

MORAES, Voltaire de Lima (Org.). *Ministério Público, Direito e Sociedade*. Porto Alegre: Sergio Antonio Fabris,1986.

NALINI, José Renato. *Ética e Justiça*. São Paulo: Oliveira Mendes, 1998.

NALINI, José Renato. *Ética Geral e Profissional*. 2ª ed. São Paulo: Revista dos Tribunais, 1999.

PORTO, Sergio Gilberto. *Sobre o Ministério Público no Processo Não-criminal*. Rio de Janeiro: AIDE, 1998.

SABELLA, Walter Paulo; DAL POZZO, Antônio Araldo Ferraz; BURLE FILHO, José Emmanuel. *Ministério Público* - Vinte e Cinco Anos do Novo Perfil Constitucional. São Paulo: Malheiros, 2013.

SILVA, Otacílio Paula. *Ministério Público*: estudo pragmático da instituição: legislação, doutrina, jurisprudência. São Paulo: Sugestões Literárias, 1981.

VIGLIAR, José Marcelo Menezes; MACEDO JÚNIOR, Ronaldo Porto (Coord.). *Ministério Público II* - Democracia. São Paulo: Atlas, 1999.